사랑마루
SARANGMARU

홍혜련 편 교용덕 감수

BASIC
BCM 성경교사 베이직

교회학교 부흥을 책임질
성경교사의 출발선

교회학교 부흥을 책임질 성결교사의 동반자

BCM 성결교사 베이직

발행일 _ 초판 1쇄 인쇄 2016년 11월 18일

발행인 _ 김진호

편집인 _ 송우진

책임편집 _ 전영욱

기획 / 편집 _ 강영아, 장주한

디자인 _ 권미경, 오인표

홍보 / 마케팅 _ 홍정표, 신문섭

행정지원 _ 조미정, 박주영

펴낸곳 _ 도서출판 사랑마루

　　　　서울시 강남구 테헤란로 64길 17(대치동)

대표전화 _ Tel (02)3459-1051~2 / Fax (02)3459-1070

홈페이지 _ http://www.eholynet.org

등록 _ 2011년 1월 17일 등록번호 / 제 2011-000013호

교회학교 부흥을 책임질
성결교사의 동반자

BCM
성결교사
베이직

B A S I C

교사의 첫걸음 BCM 성결교사 베이직으로 시작하세요
B A S I C

「BCM 성결교사 베이직」을 읽고 있는 여러분은 분명 다음세대를 가르치는 '교사'일 것입니다. 하나님께서는 우리에게 성결교회의 다음세대를 맡기셨고, 신앙을 가르치는 교사로 사명을 주셨습니다. 그리고 우리가 성결교사로서의 사명을 감당할 수 있도록 도우시고 인도하실 것입니다. 예수님의 지상명령에서 볼 수 있듯이 사명과 더불어 감당할 만한 능력을 약속하셨기 때문입니다.

"하늘과 땅의 모든 권세를 내게 주셨으니 너희는 가서 모든 족속으로 제자를 삼아 아버지와 아들과 성령의 이름으로 세례를 베풀고 내가 분부한 모든 것을 가르쳐 지키게 하라 볼지어다 내가 세상 끝날까지 너희와 항상 함께 있으리라"(마 28:18~20)

「BCM 성결교사 베이직」은 당신이 교사로서 사명을 다할 수 있도록 돕는 책입니다. 교사라면 누구에게나 도움이 되겠지만, 교사를 처음 시작하거나 교사 사역을 시작한지 얼마 되지 않았다면 더 유익할 것입니다. 이 책은 교사로서 신앙교육이란 무엇인지, 교사는 누구인지, 신앙은 어떻게 형성되는지, 무엇을 가르치는지, 어떤 사역을 하는지에 대한 기본적인 내용을 담고 있습니다. 책에서 다루고 있는 것들은 교사라면 누구나 배우고 익혀야 할 내용들입니다. 이 책을 통해 교사는 지속적인 배움의 과정 속에서 맡겨진 영혼들을 바른 신앙으로 가르치고 양육할 수 있습니다. 또한 교사 자신의 신앙도 굳건하게 세워갈 수 있습니다.

「BCM 성결교사 베이직」은 교사 기본교육 교재로 더 없이 좋은 교재입니다. 교사들과 함께 읽고 토론하거나, 교육담당지도자들이 강의할 수 있는 신학적이고 교육적인 주제들이 담겨있습니다. 그리고 BCM 교사 기본교육을 통해 교사로서의 자부심과 긍지를 갖는 계기를 마련할 수 있습니다. 이 책에서 다루고 있는 내용을 차근차근 정독해보시기 바랍니다.

「BCM 성결교사 베이직」 집필, 편집, 출판을 담당한 모든 이들에게 감사를 표합니다. 「BCM 성결교사 베이직」을 통해 한국교회의 모든 교사들이 더욱 신앙을 가르치는 일에 더욱 헌신하고, 한국교회의 다음세대들이 부흥하게 될 줄 믿습니다.

2016. 11. 15
발행인

"BCM 교사 베이직 교사 기본교육은 이렇게!"

B A S I C

　「BCM 성결교사 베이직」은 BCM 교사 기본교육 교재이며 지침서입니다. 교사로서 알아야 할 신학적이고 교육적인 내용들을 쉽고 명료하게 담고 있습니다. BCM 교사 기본교육을 통해 '성결한 하나님의 사람'을 양성하는 'BCM 교사'의 첫걸음을 내디딜 수 있습니다.

「BCM 성결교사 베이직」 활용방법 1
지방회 단위로 BCM 교사 기본교육 세미나 실시하기

　개 교회에서 BCM 교사 기본교육을 실시하기 어려운 경우 지방회 별로 묶어서 세미나를 실시할 수 있습니다. 「BCM 성결교사 베이직」의 다섯 과목을 지방회에서 선정한 담당 강의자들이 강의를 준비하고 강의와 토론을 중심으로 교육하는 방식입니다. 3주 과정으로 진행하면 좋습니다. 마지막 주에는 수료식과 더불어 BCM 교사로 임명하고 교제하는 시간을 가지시기 바랍니다.

「BCM 성결교사 베이직」 활용방법 2
교회 교육위원회(교육부) 단위로 BCM 교사 기본교육 실시하기

　매년 새로운 교사가 임용되는 교회 현실 속에서 「BCM 성결교사 베이직」은 해마다 지속되어야 할 기본교육과정입니다. 교회 내에서 교육담당 지도자들이 「BCM 성결교사 베이직」의 다섯 과목 강의를 준비하고 강의와 토론을 중심으로 교육하는 방식입니다. 3주 과정으로 진행하면 좋습니다. 마지막 주에는 수료식과 더불어 BCM 교사로 임명하고 교제하는 시간을 가지시기 바랍니다.

「BCM 성결교사 베이직」 활용방법 3
각 부서 단위로 BCM 교사 기본교육 실시하기

부서 담당 교역자의 인도로 매주 한 과목씩 집중 북 스터디를 통해 진행하는 방식입니다. 부서의 교사들과 일주일 중 하루를 정해서 2시간 정도의 시간을 가지고 총 6주 과정으로 스터디를 진행하는 것이 좋습니다. 마지막 주에는 수료식과 더불어 BCM 교사로 임명하고 교제하는 시간을 가지시기 바랍니다.

「BCM 성결교사 베이직」 활용방법 4
교사 스스로 BCM 교사 기본교육 습득하기

「BCM 성결교사 베이직」은 교사가 되고 서고 살아가는 개론적인 내용을 담고 있습니다. 교사 스스로 정독하면 충분히 내용을 이해하고 습득할 수 있습니다. 또한 이 책을 정독함으로 스스로의 신앙과 소명을 다잡을 수 있는 계기를 마련할 것입니다.

강의	구분	강의명	활용방법 1,2	활용방법 3,4
1강	BCM 교사 되기	신앙교육이란 무엇인가?	첫째 주 강의 및 토론	첫째 주 강의 및 나눔
2강		교사는 누구인가?		둘째 주 강의 및 나눔
3강	BCM 교사로 서기	신앙은 어떻게 형성되는가?	둘째 주 강의 및 토론	셋째 주 강의 및 토론
4강		교사는 무엇을 가르치는가?		넷째 주 강의 및 토론
5강	BCM 교사로 살아가기	교사는 어떤 사역을 하는가?	셋째 주 강의 및 나눔	다섯째 주 강의 및 토론
교사 임명		BCM 교사 세우기 – 교사들의 임명, 교제, 만찬		여섯째 주 임명 및 나눔

<BCM 교사 기본교육 진행방법>

BCM 교사교육은 이렇게!

BASIC

한국교회의 역사를 돌아보면, 묵묵히 어린 영혼을 돌보고 가르쳤던 교사들의 헌신과 열정 그리고 노력을 볼 수 있습니다. 교육현장의 교사들은 맡은 영혼들을 위해 먼저 부단히 배우고 노력하는 일에 힘써왔고, 성결교단에서는 이들의 열정을 새겨 '교사대학'과정을 개발하여 교사들을 양성하는데 힘썼습니다. 교단 창립 100주년에 개발된 'BCM교육목회를 위한 교사교육과정'은 성경지식의 습득과 전달뿐만 아니라 머물렀던 교사교육을 전인적인 신앙형성과 성장을 위한 목회사역으로 교사들을 이끌어 줍니다.

성결교회 교육목회자로서 신념을 갖추고, 목회적 돌봄을 위한 성품과 소양을 계발하는 'BCM 교사교육 과정'은 다음과 같이 실행할 수 있습니다.

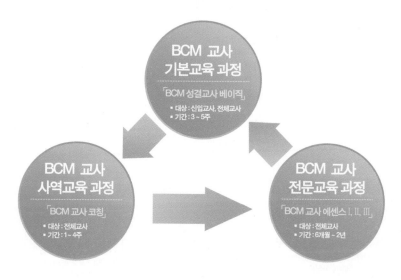

BCM 교사 기본교육 과정 : 「BCM 성결교사 베이직」

「BCM 성결교사 베이직」과정은 처음 교사를 시작하는 교사들을 대상으로 하는 교사교육과정입니다. 신앙교육의 개념과 내용, 방법을 이해하며, 교사의 기본소양과 반목회 사역에 대한 기초적인 이해를 도모합니다. 교사 재교육 교재로도 활용 가능합니다.

	과정	활용방법 1,2	활용방법 3,4
BCM 교사 되기	BCM 교사되기 1. 신앙교육개론 신앙교육이란 무엇인가?	첫째 주 강의 및 토론	첫째 주 강의 및 나눔
	BCM 교사되기 2. 교사의 정체성 교사는 누구인가?		둘째 주 강의 및 나눔
BCM 교사로 서기	BCM 교사로 서기 1. 신앙교육방법 신앙은 어떻게 형성되는가?	둘째 주 강의 및 토론	셋째 주 강의 및 토론
	BCM 교사로 서기 2. 신앙교육내용 교사는 무엇을 가르치는가?		넷째 주 강의 및 토론
BCM 교사로 살아가기	BCM 교사로 살아가기. BCM 교사의 반목회 사역 교사는 어떤 사역을 하는가?	셋째 주 강의 및 나눔	다섯째 주 강의 및 토론
BCM 교사 세우기	BCM 교사 임명 및 교제와 만찬		여섯째 주 임명 및 나눔

BCM 교사 사역교육 과정 : 「BCM 교사 코칭」

「BCM 교사 코칭」과정은 교사들을 소그룹 반목회자로 세우고, 맡겨진 다음세대 영혼들에 대한 목자로서의 충실한 리더십을 형성하도록 돕는 교육과정입니다. 목자로서의 BCM 교사 신념을 확신하고, BCM 교사의 4대 기본사역을 이해하고 세밀하게 실행하도록 훈련합니다.

과정		
BCM 코칭 설계하기	교회교육의 소그룹 사역 강화	
	BCM 소그룹 반 목회 코칭 세우기	
BCM 코칭 실행하기	참된 목자 되기	
	BCM 교사의 예배 사역	
	BCM 교사의 성경공부 사역	
	BCM 교사의 주간목회 사역	
	BCM 교사의 프로그램 사역	
부록	BCM 소그룹 반 목회 코칭 자료	

「BCM 교사 코칭」의 교육 진행은 아래와 같이 실행합니다. 준비과정1, 2 그리고 코칭 교육 시작과 끝의 교육부흥회는 총회본부 교육국에 요청하여 진행할 수 있습니다.

주	과정	자료	비고
준비과정1	교육목회와 소그룹 반 목회 진단하기	「BCM 코칭」	설문조사 및 분석
준비과정2	분석과 집중과제 선정하기	「BCM 코칭」	지도자 간담회
첫째 주	소그룹 반 목회 사역 결단의 교육부흥회 BCM 소그룹 반 목회 코칭 세우기	교회별 준비 「BCM 코칭」	주일 오후 부흥회 부흥회 후 강의
	BCM 소그룹 반 목회 코칭 1 참된 목자 되기	「BCM 코칭」	강의 및 실습 진행
둘째 주	BCM 소그룹 반 목회 코칭 2 BCM 교사의 예배 사역	「BCM 코칭」	강의 및 실습 진행
	BCM 소그룹 반 목회 코칭 3 BCM 교사의 성경공부 사역	「BCM 코칭」	강의 및 실습 진행
셋째 주	BCM 소그룹 반 목회 코칭 4 BCM 교사의 주간목회 사역	「BCM 코칭」	강의 및 실습 진행
	BCM 소그룹 반 목회 코칭 5 BCM 교사의 프로그램 사역	「BCM 코칭」	강의 및 실습 진행
넷째 주	소그룹 반 목회 사역 헌신의 교육부흥회 *소그룹 반 목회 실행을 위한 기도회	교회별 준비	주일오후 부흥회 주간의 별도 기도회

「BCM 교사 코칭」의 하루 교육 진행은 아래와 같습니다.

시간	코칭 내용	담당	비고
30분	찬양과 교제	찬양 담당 교사	
1시간	코칭 강의	목회자 혹은 지도자	이 책의 주 내용 강의
30분	코칭 실습	담당 코치교사	해당 사역의 지침 실습
30분	질문과 토론	각 부서별 교역자/지도자	각 부서별 사역 세팅을 위한 토론과 논의 그리고 기도

BCM 교사 전문교육 과정 : 「BCM 교사 에센스 Ⅰ, Ⅱ, Ⅲ」.

「BCM 교사 에센스」 과정은 BCM 교사가 BCM교육목회의 비전을 소명으로 세우고, 열정과 헌신의 삶으로 교육목회의 소명을 실천하며, 보다 깊이 있게 BCM교육목회의 내용을 적용하도록 돕는 심화 교육과정입니다.

마루명칭	과목명	핵심 교육개념
시작 마루	BCM교육목회 이해	BCM교육목회의 기초적인 이해
	BCM 비전	BCM교육목회가 꿈꾸는 교회교육의 비전
	BCM 교회	BCM교육목회가 바라는 이상적인 교회
	BCM 교사	BCM 교사의 사명과 자세
	BCM 실행	BCM 실행을 위한 과정
새김 마루	성결교회의 역사와 정신	신앙의 형성과 성숙
	사도신경과 우리 신앙	
	공동체 성숙을 위한 소그룹 목회	
	공동체 부흥을 위한 교육	
믿음 마루	신앙이란 무엇인가?	
	교사를 위한 소그룹 영성훈련	
	감성 커뮤니케이션	
	관계로 가르치는 영성	
사랑 마루	돌봄과 배려가 있는 신앙교육	교회공동체의 책임과 헌신
	교육목회 활성화를 위한 효과적인 지원	
	교사의 자질	
	놀라운 전도전략	
섬김 마루	메시야 공동체의 대 사회적 봉사	세상을 향한 교회의 태도
	기독교 경제교육	
	소명과 전문성	
	21세기 학습자 이해	
소망 마루	섬김의 변혁 리더십	
	미디어의 기독교적 이해와 비평	
	위대한 섬김의 인물들	
	기독교 문화콘텐츠	

「BCM 교사 에센스」과정은 BCM 교사대학으로 아래와 같이 운영합니다.

1) 학기제 운영

① 2개월에 한 개 마루씩 : 1년 안에 운영완료

마루	일자	마루	일자
시작	1–2월	사랑	7–8월
새김	3–4월	섬김	9–10월
믿음	5–6월	소망	11–12월

② 분기에 한 개 마루씩 : 1년 6개월 안에 운영완료

마루	일자	마루	일자
시작	1–3월	사랑	10–12월
새김	4–6월	섬김	다음해 1–3월
믿음	7–9월	소망	다음해 4–6월

2) 연간 지속운영 : 교회중심의 상설 교사교육과정

① 매주 한 과목씩 총 25과목을 6개월에 걸쳐 실시

② 매월 한 과목씩 총 25과목을 2년에 걸쳐 실시

③ 매월 두 과목씩 총 25과목을 1년에 걸쳐 실시

교회학교 부흥을 책임질 성결교사의 동반자

BCM 성결교사 베이직

CONTENTS

B A S I C

Part1. BCM 교사 되기

BCM
교사 되기

BCM 교사 되기 1 – 신앙교육개론
신앙교육이란 무엇인가?

BCM 교사 되기 2 – 교사의 정체성
교사는 누구인가?

B A S I C

신앙교육이란 무엇인가?

이제부터 당신은 교사입니다!

찬양대 총무직을 내려놓기로 하고 대장님 및 대원들과 충분히 논의를 한 뒤 홀가분한 마음으로 12월을 시작했는데, 며칠 지나지 않아 담임목사님으로부터 만나자는 요청이 있었습니다. 목사님께서는 새해부터 다음세대를 위한 교사로 사역하기를 원하셨습니다. 새해에는 편한 마음으로 주일을 맞이할 수 있겠다는 계획은 물거품이 되고 말았습니다. 찬양대보다 더 힘들지 않을까 하는 생각도 듭니다. 일단 담임목사님의 요청을 받아들이기로 했습니다. 웬만해서는 담임목사님의 제안이나 요청을 거절하지 않는 데다 누구든 해야 하는 일이라면 내가 하는 것이 낫겠다는 생각도 있었습니다. 그렇게 새해를 중등부 교사로 시작했습니다.

그런데 막상 교사로 사역을 시작하고 나니 넘어서야 할 일이 한두 가지가 아닙니다. 당장은 성경공부가 가장 큰 걱정이었습니다. 전도사님과 함께 한번 훑었을 때는 '이 정도는 다 아는 이야기잖아. 그냥 가르치면 되겠다' 싶었는데 막상 첫 주를 맞이하는 토요일 저녁이 되자 은근히 걱정되었습니다. 저녁 식탁에서 일어서자마자 책상에 앉았습니다. 그리고 교재를 차분히 들여다보았습니다. 그런데 살짝 훑어보았을 때와는 다릅니다. 먼저 성경 본문의 내용을 잘 숙지해야 하고 요절을 외워두어야 합니다. 문제는 성경 본문을 읽고 암송하는 것으로 그치지 않는다는 것입니다. 1월 첫 주일 교재는 성경 본문의 내용을 기반으로 '성육신'이라는 교리적인 주제를 다루고 있었습니다. 결국 성육신을 알아야 했습니다. 일단 교재를 진중하게 들여다보기로 했습니다. 오랫동안 신앙생활을 했으니 그 단어 정도는 알 거라 생각했습니다. 그런데 그렇지 않았습니다. '성육신'이라는 단어를 알고는 있었고 들어는 보았으나 그것이 정확하게 무엇을 의미하며 아이들에게는 또 그 단어와 의미를 어떻게 가르쳐야 할지가 막막했습니다. 하는 수 없이 토요일 저녁 내내 성경책과 교재와 씨름을 해야 했습니다. 매주 토요일을 이렇게 보내야 한다니 앞이 까마득했습니다.

더 큰 문제는 주일 아침이었습니다. 1월 첫 주 예배 시작 한 시간 전, 부장 장로님께서 교사들을 한자리에 모으시더니 한 해 동안 맡을 아이들의 명단과 신상명세가 적힌 카드를 주셨습니다. 그리고 이렇게 말씀하셨습니다. "지금

부터 아이들에게 전화를 하세요. 그리고 예배시간이 다가오고 있으니 교회로 오도록 격려하세요." '옛날 교사할 때는 이런 것 없었는데, 옛날에는 주일 아침 시간이 되면 아이들이 알아서 교회에 왔는데……'하는 생각이 들었습니다. 곧이어 장로님은 평소 성마른 성격대로 교사들을 채근하셨습니다. 하는 수 없이 각자 자리에 앉아 카드에 적힌 아이들에게 전화를 돌리기 시작했습니다. 그런데 기본적으로 아이들은 전화를 받지 않았습니다. 당연한 것이, 아이들은 모르는 번호를 받지 않는 것입니다. 다섯 명의 아이들 가운데 겨우두 명과 통화가 됐습니다. 아이들에게 소개를 하고 오늘 주일이니 예배에 오라고 격려했습니다. 그러나 돌아오는 아이들의 대답은 차가웠습니다. "저 오늘 못가요. 학원 가야해요." "선생님, 이런 전화 하지 마세요. 제가 알아서해요." 아침나절부터 '괜히 교사한다고 했나?'라는 생각이 들었습니다. 그렇게 번잡한 주일 하루가 시작되었습니다.

예배를 드리기 위해 교회에 온 아이 두 명과 예배실 한 켠에 자리를 잡았습니다. 아이들은 일단 눈을 마주치지 않았습니다. 일관되게 고개를 숙이고서 자기 핸드폰 메신저창만 들여다보고 있었습니다. 수를 내보았습니다. 아이들에게 소위 '톡'을 보냈습니다. 여전히 아이들은 대답을 하지 않았습니다. 한 아이가 흘깃 쳐다보기는 했습니다. 눈을 쳐다보며 미소를 지었습니다. 아이는 짜증 난다는 표정을 지으며 옆 친구 쪽으로 고개를 돌립니다. 인생 전체를 통틀어 이렇게 천덕꾸러기가 돼 본 것은 처음입니다. 그렇게 전반적으로 낯선 분위기 속에서 어렵사리 주일 예배와 성경공부를 마쳤습니다.

놀랍게도 중등부 신입교사가 넘어야 하는 산은 이것이 다가 아니었습니다. 예배와 성경공부 등을 마치고 부서 교사실 한쪽에 자리하자 부서 전도사님께서 작은 카드 하나씩을 나누어 주면서 오늘 출석하지 않은 아이들 심방을 하랍니다. 그래서 심방은 직접 찾아 가는 것인지에 대해 물었더니 옆에 앉은 선배 집사님이 바쁜 전도사님 대신 "그냥 전화로 물어보면 돼요"라고 활짝 웃으며 응대합니다. 일단 전화기를 집어 들었습니다. 그리고 오늘 출석하지 않은 아이 세 명에게 전화를 돌리기 시작했습니다. "저, 아까 학원 간다고 했잖아요." "선생님, 전화하지 마시라니깐요." 그리고 다른 한 명은 전화조차 받지 않았습니다. 인생 들어 두 번째 최악의 전화 상대였습니다. "중등부 아이들이라 그래요. 선생님이 이해해요." "이제 집사님도 교사이니, 이런 상황과 분위기에 익숙해져야 해요." 부장 장로님과 선배 선생님이 별일 아니라는 듯 격려하며 슬쩍 어깨를 치댑니다. "이제 밥이나 먹으러 갑시다. 오늘도 국수야?"

Think Point

처음 교사가 되고 겪었던 기억에 남는 에피소드를 나눠보세요.

신앙교육의 내용

신앙(faith)은 세상과 우주의 절대자이신 하나님에 대한 신뢰(believing, trusting)입니다. 신앙을 갖는다는 것은 유한한 인간이 무한하시며 절대적 존재이신 하나님의 존재와 그분이 인간 역사 가운데 이루신 일들 혹은 이루실 일들에 대해 신뢰하는 것을 의미합니다. 특별히 우리 기독교 신앙은 절대자이신 하나님과 그분이 세상 가운데 역사하시는 일들에 대한 각별한 내용을 가지고 있습니다. 기독교인들인 우리가 신앙으로 고백하는 내용은 사도신경(the Apostles' Creed)에 매우 분명하게 기록되어 있습니다. 내용의 핵심은 다음과 같습니다. "하나님께서 세상을 창조하시고 인간을 대표로 하는 각종 피조물들을 창조하셨다는 것, 세상의 주권자로서 세상과 모든 피조물들을 섭리하신다는 것, 그리고 사탄의 꾐에 빠져 타락한 인간과 인간의 죄로 인하여 무너진 세상을 불쌍히 여기시어 아들 되신 예수 그리스도를 세상 가운데 보내시고 죄인 된 인간을 대신하여 십자가에 죽게 하셨다는 것, 그 아들을 믿는 사람들의 공동체인 교회를 만드시고 교회의 중심에 성령을 두셔서 하나님과 아들, 성령을 믿는 사람들을 하나님께서 세상과 인간을 심판하시는 그날에 최종적인 하나님 나라 구원의 반열에 이르게 하신다는 것"입니다.

결국 우리가 하나님을 믿는다는 것의 핵심 내용은 다음과 같이 요약될 수 있습니다. 첫째, 하나님은 세상의 창조주이시며 세상의 주인이십니다. 하나님은 세상을 창조하셨고 세상 모든 것에 대해 절대적인 주인의 위치에 계십니다. 하나님께서는 세상 모든 피조물에 대해 소유권을 주장하실 수 있습니다. 둘째, 하나님께서는 세상 모든 것을 다스리시는 주권자이십니다. 하나님께서는 이 세상을 당신의 뜻대로 움직이십니다. 결국 세상의 역사적 흐름은 하나님의 뜻하신 바대로 엮어집니다. 잠깐 세상이 자기 뜻대로 움직이는 것 같아도 결국 세상 시간의 흐름은 하나님께서 주관하시는 것입니다. 셋째, 하나님께서는 세상과 피조물을 지극히 사랑하셔서 아들을 통해 세상을 구원하십니다. 그런데 세상과 인간은 하나님의 뜻에 불순종하여 자신들이 원하는 불의한 방향으로 끌고 갑니다. 그리고 안타깝게도 세상은 인간의 불순종과 불의함으로 고통만 가득한 곳이 되고 말았습니다. 하나님께서는 고통 가운데 신음하는 세상 피조물들과 인간을 사랑하셔서 그들을 죄의 고통으로부터 구원하시기 위해 아들 예수님을 보내주시고 예수님으로 하여금 죄를 대속하게 하셨습니다. 넷째, 하나님께서는 아들이신 예수님을 믿는 사람들을 교회로 부르시고 세상 회복과 구원을 위한 공동체를 이루게 하셨습니다. 하나님께서는 아들 예수 그리스도를 통해 사람들을 구원의 자리로 부르시고 다시 하나님과의 관계를 회복하십니다. 그리고 구원받은 사람들의 공동체를 교회로 세우시고 종말의 때가 올 때까지 성령과 더불어 한마음 되어 동행하는 하나님의 의로운 공동체가 되게 하셨습니다. 다섯째, 하나님께서는 마지막 심판의 때를 정하시고 아들 예수님의 재림을 통해 하나님의 신실한 성도들을 하나님의 나라로 초대하십니다. 그래서 신앙의 최종은 종말을 소망하며 종말의 때에 주의 자녀로 부름 받아 하나님나라에 들어가는 것입니다.

그런데 기독교 신앙을 갖는다는 것은 위의 내용들을 지식(智識)으로, 그리고 마음으로, 무엇보다 삶의 의지(意志) 차원에서 종합적으로 받아들이는 것을 의미합니다. 기독교 신앙은 지적인 차원에서 성경과 기독교 전통의 교리가 갖는 논리를 통해 사람들에게 전수됩니다. 성경과 기독교 전통의 교리는 일종의 논리(logos)를 가지고 있어서 그 논리로 인간의 삶과 세상, 우주의 역사를 바라보도록 합니다. 그리고 기독교 신앙의 논리가 설명하는 방식대로 세상과 인간 삶을 이해하도록 격려합니다. 신앙은 단순히 '하나님을 믿는다'고 말하는 것으로 충족되지 않습니다. 신앙, 특별히 기독교 신앙은 기독교 성경과 교리의 논리를 충분히 숙지하고 고민한 뒤 지적인 차원에서 동의하는 것입니다(롬 10:17, 호 6:3, 호 4:6).

또한 기독교 신앙을 갖는다는 것은 기독교 교리가 제공하는 논리를 정서적인 차원(pathos)에서 받아들이고 마음으로 그것에 동조(同調)하여 따르는 것을 의미합니다. 기독교 신앙은 지적인 차원의 논리만으로 신앙의 온전함을 얻을 수 없습니다. 기독교 신앙은 마음으로 그것을 받아들이고 정서적인 차원에서 하나님께서 그리고 교회가 세상 가운데 이루어가고자 하는 것들에 대해 한마음, 한뜻을 품는 것을 의미합니다(사 12:2, 시 18:1, 32:11).

마지막으로 기독교 신앙을 갖는다는 것은 동의하고 동조하는 신앙의 내용이 촉구하는 대로의 삶을 살아가는 것을 필요로 합니다. 신앙은 머리로 동의하고 마음으로 동조하는 것을 넘어서 그 모든 것을 실제 삶으로 드러내고 실천하는 차원을 필요로 합니다(ethos). 신앙은 윤리적인 차원에서 그리고 선교적인 차원에서 실천하는 일을 통해 비로소 온전한 모양을 갖추게 됩니다. 신앙은 아는 바대로, 그리고 마음으로 함께 하는 만큼, 믿는 사람들을 향해 품으신 하나님의 뜻을 고스란히 담은 삶을 일구는 것이 중요합니다(약 2:26).

중요한 것은 신앙의 내용들이 교회가 인정하고 받아들여 체계화한 일정한 형식과 방법을 통해 한 사람에게 전수되고 내재화되며 또 누군가에게 다시 전수된다는 것입니다. 신앙은 위의 내용들이 어딘가 비석에 새겨져 있거나 책에 기록되어 있는 것만으로 우리에게 꽃 피우지 않습니다. 신앙은 적절한 방법으로 누군가에게 전수되어야 하고 스스로 고백하는 가운데 받아들여져야 하며, 역시 적절한 방법과 단계 가운데 그 사람을 근본으로부터 변화시키는 일이 일어나는 것이어야 합니다. 무엇보다 신앙은 매우 합당한 방법에 근거하여 그 사람의 전인적 삶의 영역에 굳건하게 자리 잡아 그 사람의 삶에 지대한 영향을 끼칠 수 있어야 합니다. 그리고 최종적으로 신앙은 한 사람에게서 또 다른 사람에게 전수되어 앞 사람과 똑같은 고백, 변화를 일으키는 것이어야 합니다. 이를 위해 신앙은 매우 실제적이어야 합니다. 실제적인 신앙은 그 신앙의 내용을 듣고 생각하는 가운데 배우는 일, 예배와 집회, 나눔 가운데 신앙을 체험하고 고백하여 고양하는 일, 나아가 신앙적인 삶을 의지적으로 살아가는 일, 결과적으로 신앙을 타인에게 전하는 일 등 일련의 실천적 행위들을 요구합니다.

신앙, 특별히 기독교 신앙을 가르친다는 것은 기독교가 지난 역사 속에서 계시로 받아 신앙 공동체인 교회를 통해 일구어온 내용들을 다음세대에게 전수하는 것을 의미합니다. 신앙교육의 핵심 목적은 우리 다음세대로 하여금 우리가 가진 종류의 기독교 신앙을 그대로 전수받아 자기 것으로 내재화하고 나아가 또 다른 사람에게 그 신앙을 전수하기 위함입니다. 결국 교사가 다음세대에게 신앙을 바르게 전수하기 위해서 중요한 것은 교사 스스로 신앙의 내용에 대해 동의하고 동조하며, 실천하는 삶의 모범을 이루어야 하는 것입니다. 만일 교사가 기독교가 전수해온 신앙의 내용에 대해 동의하지 않고 또 동조하지 않으며, 신앙이 요구하는 바대로의 삶을 살지도 않는다면 그는 교사일 수 없습니다. 교사는 기독교 신앙을 그 누구도 아닌 자기의 것으로 깊이 있게 그리고 진중하게 받아들인 사람입니다. 그렇게 교사는 자기 것인 신앙으로 다음세대 앞에 신앙을 가르치기 위해 설 수 있습니다.

Edu Point

기독교 신앙은 신앙의 내용을 배우는 일, 예배와 집회, 나눔 가운데 신앙을 체험하고 고백하여 고양하는 일, 나아가 신앙적인 삶을 의지적으로 살아가는 일, 신앙을 타인에게 전하는 일을 실제적으로 실천하는 행동을 요구합니다.

신앙교육의 목적과 내용

이제까지 교사가 가르쳐야할 내용으로서 신앙이라는 것에 대해 알아보았습니다. 이제 교사는 이 신앙이라는 것을 어떻게 가르쳐야 하는지에 대해 알아야 합니다. 즉 가르치는 방법을 알아야 하는 것입니다. 일단의 사람들은 신앙을 바르게 알고 바른 신앙생활을 하면 가르치는 것에 아무 문제가 없다고 말하면서 '방법'의 무용론을 말하기도 합니다. 한편으로 그 말은 옳습니다. 신앙이란 것이 하나님을 향한 것이고 하나님만을 바라보며 사는 삶은 곧 그 내용에 대한 충실한 이해만으로도 얼마든지 전수가 가능합니다. 그러나 다른 한편으로 이 말은 옳지 않습니다. 신앙은 그 신앙하는 내용을 바르게 아는 것만으로 혹은 그 내용을 경험하고 체험하여 느낀 것만으로, 혹은 알고 느낀 데 따라 살아가는 삶의 실제만으로 다음세대 혹은 새신자들에게 전수되지 않습니다. 어떤 사람이 수학을 많이 안다 해서 어린이 수학교육에 탁월한 것은 아니며, 천체물리학을 많이 안다고 해서 그것을 청소년들에게 가르치는 일까지 탁월하다고는 할 수 없는 것과 같은 이치입니다. 수학과 과학을 많이 아는 것과 그것을 잘 가르치는 것 사이에는 차이가 있습니다. 수학과 과학을 잘 아는 것은 잘 가르치는 일에 큰 도움이 됩니다. 그러나 그것을 학습 대상에 따라서 알맞게 잘 가르치는 일은 별도의 작업을 필요로 합니다. '교육'이 하나의 전문적 영역으로 발전하게 된 이유가 바로 여기에 있습니다.

교육은 교육하고자 하는 내용을 어떤 과정(process)과 방법(method)으로 전달할 것인지가 중요합니다. 서울에서 부산까지 화물을 옮기려 한다면 화물이 무엇인지가 중요한 것이 아니라 그 화물을 어떤 방식으로 어떤 경로를 통해 옮길 것인지가 중요한 것입니다. 과학이 고도로 발달해서 '순간이동'이라는 것이 가능하다면 별문제는 없겠으나 서울에서 부산까지 자동차든, 배든, 아니면 비행기든, 인편이든 그 화물을 옮기려 한다면 화물이 혹시 부서지거나 훼손될 수 있음을 염려해야 합니다. 결국 옮기고자 하는 화물에 어울리는 이동방법을 선택하는 일과 화물이 훼손되거나 망실되지 않는 경로를 선택하는 것은 옮기는 사람에게 중요한 과제가 됩니다. 그래서 교육에서도 그 전수 과정과 전수 방법이 중요한 것입니다. 그렇다면 신앙을 가르치는 교사가 알아야 할 교육의 과정과 방법은 무엇일까요?

교사는 우선 가르치는 목적을 바르게 알아야 합니다. 교회에서 신앙을 가르치는 교사는 다음세대들로 하여금 교사들과 교회의 기성 성도들이 갖는 것과 동일한 방식과 내용의 신앙을 갖도록 가르치는 일을 목적으로 합니다. 교사가 가르치는 일을 통하여 다음세대가 교사와 동일하게 하나님을 창조주로 고백하고 예수 그리스도의 십자가 사랑에 감사하며 구세주로 섬기며, 교회 가운데서 성령과 동행하는 삶을 살기로 결단하도록 하는 것입니다. 물론 이 것은 거시적인 차원의 목적입니다. 가르치는 일에서 목적하는 바는 여러 차 원이 있습니다. 위에 언급한 바와 같이 가르치는 일에는 1년 이상의 중장기 적인 기간을 통해 이루는 교육의 목적이 있는 반면, 거시적인 목적을 실현하 기 위한 분기 단위 혹은 주/월 단위 단기적인 목표를 설정하기도 합니다. 특 히 주/월 단위 단기적인 목표는 배우는 이들의 구체적인 행동 변화를 추구하 며 구체적인 진술을 만들고 시행합니다. 예를 들면 "4월 셋째 주 부활주일 예배는 부서 어린이들로 하여금 부활하신 예수님을 믿는다는 신앙고백을 하 도록 한다"와 같은 식입니다.

목적을 모르고 가르치는 것은 원하는 결과를 생각하지 않은 채 일을 시작 하거나 목적지 없이 여행길을 떠나는 것과 마찬가지입니다. 교회 공동체로 부터 한 해 동안 가르치는 직을 위임받은 교사는 따라서 그 목적하는 바와 목 표하는 바를 분명하게 알아야 합니다. 여기서 교사가 가르치는 목적과 목표 를 분명하게 안다는 것은 각별한 의미가 있습니다. 먼저 교사는 그 목표하는 바를 왜 가르쳐야 하는지 알아야 합니다. "그냥 목적과 목표가 그렇게 진술 되어 있어서 그렇게 가르친다"고 말하는 것은 매우 무책임한 태도입니다. 가 르치는 교사는 이번 주, 이번 달, 혹은 이번 분기 성경공부 시간에 왜 그 내 용을 가르쳐야 하는지에 대해 스스로 설명할 수 있어야 합니다. 예를 들면 "1년 전체 교육의 방향이 ~하므로 이번 분기(달, 혹은 주)에 이 내용을 가르 치는 것은 전체 연간 목적에 부합하는 것이며 연간 목적 달성에 반드시 도움 이 됩니다"라는 식입니다. 꼭 설명을 하지 않더라도 교사는 가르치는 사람으로서 "이번 주의 교육 프로그램은 ~이유 때문에 꼭 다루어야 하는 내용이야" 라는 식의 자기 이해를 갖고 있는 것이 좋습니다. 그래야 교육이 일정한 방향으로 잘 흘러가고 있음을 스스로 알고 또 같은 부서 내 교사들과 그것을 공유할 수 있는 것입니다.

이어서 교사는 가르치고자 하는 내용을 잘 알아야 합니다. 가르치는 내용이라 하면 일단 앞서 설명한 대로 신앙의 전반적인 내용이라고 할 수 있습니다. 그러나 교육의 내용에는 꼭 위에서 언급한 신앙의 내용만으로 다 설명할 수 없는 디테일이 존재합니다. 말하자면 위의 신앙의 내용은 매우 포괄적이어서 교육하는 사람들은 그 포괄적인 내용을 몇 가지의 교육내용 범주(cat-egory)로 구분하고 그렇게 구분된 내용들을 예배나 설교, 성경공부나 교리, 혹은 훈련교재, 교육 프로그램, 혹은 일반적인 반목회 활동 등의 영역으로 세분화합니다. 그리고 그것을 1년, 분기, 월/주 단위로 선별 정리합니다. 그러다 보면 신앙을 가르친다는 것이 어느 해 3월 마지막 주에는 종려주일에 맞추어 '예수님의 수난과 죽으심'에 초점을 맞춘 내용이 되기도 합니다. 또 어느 해 5월 마지막 주에는 성령강림주일에 맞추어 교회와 성령, 성령세례를 받는 일 등에 대해 교리교육 형식으로 훈련을 받기도 합니다. 아니면 실제로 성령을 받는 기도회나 집회에 참석하여 성령세례를 체험하는 시간을 가질 수도 있을 것입니다.

교육학에서는 이런 식으로 교육의 내용 즉, 가르칠 내용을 선별 정리하는 것을 교과과정(curriculum)이라고 합니다. 학교교육과는 다른 식의 패턴을 가진 교회교육에서는 주일을 중심으로 한 해, 열두 달, 52주에 각 발달 단계별로, 말하자면 유아로부터 청소년, 청년과 장년에 이르기까지의 대상을 가르칠 신앙 내용을 선별, 정리한 독특한 교과과정을 가질 수 있습니다. 사실 교과과정의 내용은 개신교라 해서 다 같을 수 없습니다. 단지, 교단, 교회, 부서 단위로 동일한 내용 과정을 가질 수 있습니다. 각 교육 주체별 교과과정이 개신교가 다루는 성서 전반과 교리 전반, 그리고 교회의 전통 전반과 오늘의 신앙적 삶이 다루는 이슈들 전반을 균형감 있게 다루고 있는지가 중요합니다. 또한 신앙교육의 교과과정은 교단과 교회의 신학적 색채가 분명한 주체적인 교육과정이 될 수 있도록 해야 합니다. 그래서 교파적인 색채가 명료한 신앙인을 세우도록 해야 합니다. 교파적 색채가 분명한 신앙인의 모습은 타 교단이나 타 신학에 대해 배타적인 이미지를 말하는 것이 아닙니다. 오히려 개신교라는 공통의 신앙고백 위에서 시대와 세상을 향하여 분명하고 독특한 개별적인 소명을 품어야 함을 말하고자 하는 것입니다.

사실 교과과정은 평신도 교사들에게 복잡한 문제일 수 있습니다. 그렇다고 해서 교사들은 이 교과과정의 내용들을 간과해서도 안 됩니다. 가르치는 사람들 즉 교사들은 가능한 전체 교과과정이 다루는 내용들을 잘 숙지해야 합니다. 그래서 본인이 지금 전체 교과과정에서 어느 부분을 가르치고 있는지를 알아야 합니다. 나아가 교사는 본인이 오늘, 이번 주, 이번 달에 가르치는 교재나 프로그램의 내용이 과연 교과과정이 지향하는 바에 입각하여 바른 것인지에 대해서도 스스로 평가할 수 있어야 합니다.

신앙교육의 방법과 학습자

어느 집사님이 교사가 되고 나서 한참 지나서야 알게 된 한 가지가 있었
습니다. 단 한 차례도 아이들에게 성경공부 교재가 제안하는 방식대로 가르
치지 않더랍니다. 토요일 저녁, 한 번 교재를 들쳐보고 주일 성경공부를 진
행하는 것이 일반적인데, 그렇게 한 번 들쳐보아 알게 된 본문과 주제를 머
릿속으로 한 차례 정리하는 것이 준비의 전부였습니다. 그리고는 정작 성경
공부 시간에는 교재도 열어보지 않고 성경 본문을 찾아 한 번 읽은 뒤 자신
이 아는 범위 안에서만 해당 교재의 주제와 내용을 가르치고 있더라는 것입
니다. 그러다보니 집사님은 교재에 교수방법으로 자주 등장하는 게임도 해
본적이 없고, 낱말 맞추기나 줄긋기와 같은 복습 게임도 해본 적이 없더랍
니다. 다른 반과 달리 아이들에게 상으로 주는 간식도 준비한 적도 없더랍
니다.

교사가 가르치는 일은 단지 가르칠 내용을 잘 아는 것으로 만족하지 않습
니다. 교사에게는 가르쳐야할 내용을 어떤 학습자에게, 어떤 방법으로 전달
할 것인지도 중요한 것입니다. 즉 가르쳐야할 대상을 바르게 알고 가르칠 적

절한 방법을 숙달하는 일이 필요한 것입니다. 하나님께서는 가르치시는 분이십니다. 하나님께서는 인간이 깨우치고 성숙하여 온전한 하나님의 사람으로 자랄 때까지 다양한 방법으로 가르치십니다. 그러다보니 하나님께서는 가르치시는 방법에 대해 고민하십니다. 어떻게 하면 우리 인간이 깨우치고 변화하여 성숙하게 될 것인지를 염려하시며 배우는 인간에게 어울리는 방법을 고민하십니다. 하나님께서는 욥과 논쟁적으로 그러나 매우 교육적으로 대화하시면서 "네가 깨달아 알았거든 말할지니라"고 말씀하시곤 했습니다 (욥 38:4). 또 하나님의 아들 예수님께서는 우둔하여 눈을 열지 못하는 제자들을 그대로 두지 않으셨습니다. 그들에게 다가가 "모든 성경에 쓴 바 자기에 관한 것을 자세히 설명하시고" 그들을 깨우치셨습니다(눅 24:27). 하나님께서는 당신의 사람들이 배우고 깨달아 알기를 원하셨습니다. 그래서 늘 하나님 편에서 하나님의 뜻에 합당한 삶을 살기를 원했던 시편의 기자는 "깨달아 주의 계명들을 배우게 하소서"라며 하나님께 배우기를 청했습니다(시 119:73). 사실 이 모든 하나님의 행위들에는 실질적인 가르침의 방법들이 전제되어 있습니다. 욥과는 논쟁을 하셨고 엠마오로 가는 두 제자에게는 강론을 하셨던 것입니다. 우리 교사들 역시 우리가 알고 깨달아 고백하며 살아가는 신앙의 모든 것을 가르치기 위해서는 방법이 필요함과 방법에 익숙해야 함을 알아야 합니다.

Edu Point

신앙교육의 방법은 가르쳐야할 신앙의 내용을 가르쳐야할 대상에게 적절하고 바르게 전달하기 위해 사용하는 교사의 다양한 교육기법, 활동을 의미합니다.

따라서 오늘 신앙을 가르치는 교사는 가르치는 방법에 대한 숙달이 필요합니다. 교회에서 신앙을 가르치는 것은 크게 예배와 예전을 실천하고 성경공부 등의 교육을 하는 일, 신앙 안에서 교제하는 일, 교회의 형제와 세상과 이웃을 섬기며 봉사하는 일, 그리고 마지막으로 선교하고 전도하는 일 등의 실천에서 발생합니다. 대부분 교사들이 "주일 30분 성경공부만 열심히 하면 되겠지"하고 생각을 하는데, 실제로 신앙을 가르치는 일은 그 정도에서 그치지 않습니다. 신앙을 가르치는 일은 예배와 각종 성례전 등의 행위 안에서도 일어납니다. 심지어 기도와 찬양, 말씀을 듣는 집회성 회중 모임에서도 가르침은 발생합니다. 교회 성도들이 그리고 그 모든 예배와 집회, 성례전을 인도하는 교회 지도자들이 어떤 자세와 내용으로 실천하는지 눈여겨보는 것 자체가 교육인 것입니다. 마찬가지로 성도 간의 교제에서도 가르침은 발생합니다. 주일과 주간 어느 시간에 교회의 성도들이 모여 간단한 기도모임을 하고 서로 중보하는 시간을 갖는 것에서 그 모임에 참석하는 다음세대들은 신앙으로 살아가는 삶의 구체적인 실제를 가르침 받습니다. 그러니 교회 내외에서 발생하는 모든 종류의 성도 간 만남과 교류가 신앙 안에서 바르게, 그리고 영적으로 분별력 있게 이루어지도록 하는 일은 중요한 것입니다.

또한 교회가 실천하는 봉사와 선교적인 삶 역시 가르침일 수 있습니다. 교회가 세상 가운데 실천하는 윤리적인 차원의 다양한 봉사활동은 무엇보다 중요한 가르침의 시간입니다. 이 활동에 직간접적으로 참여하는 다음세대들은 이 시간을 통하여 교회가 세상과 어떻게 만나는지, 세상에 대해 어떤 자세를 취하는지, 그리고 세상 가운데서 무엇을 주로 하는지를 보고 배우게 됩니다. 선교 역시 마찬가지입니다. 교회가 실천하는 다양한 차원의 선교와 전도 활동은 무엇보다 중요한 가르침의 시간입니다. 교회의 다양한 선교적 실천 활동에 참여하는 어린이와 청소년들은 교회가 복음으로 세상 가운데 실천하는 일들의 내용과 종류, 그리고 방법들의 구체적인 모습들을 배우게 됩니다. 결국 선교야말로 교회가 공동체 안에서 실천하는 다양한 복음적 소통이 어떻게 세상 가운데서 결실로 맺어지게 되는지를 보게 되는 가장 실물적인 신앙교육의 장이 되는 것입니다. 결국 교사는 교회가 실천하는 모든 종류의 교회다운 실천 안에서 신앙 교육이 발생할 수 있다는 것을 바르게 알고 다음세대들을 그 실천 가운데로 안내하는 일에 열심이어야 합니다.

아울러 교사는 반 단위 혹은 소그룹으로 맡겨진 영혼들에게 교재(textbook)의 계획된 내용과 방식으로 신앙의 구체적인 내용들을 가르쳐야 합니다. 대부분 성경공부라고 알려진 일련의 교육시간입니다. 교사는 다른 누구보다 스스로에게 이 시간에 대한 책임이 주어져 있음을 바르게 알고 가르치고자 하는 내용에 대한 숙지와 더불어 가르치는 방식에 대한 숙달에 충실해야 합니다. 무엇보다 중요한 것은 가르치는 소그룹 내에서 스스로 모범이 되는 일입니다. 만일 교사가 기도에 대해 가르치면서 스스로 기도하지 않거나 기도하는 바른 자세를 취하지 않는다면 소그룹 내 다음세대들은 그 교사가 잘못 가르친다는 것을 직감할 것입니다. 그리고 그 교사에게서 신앙을 배우려 하지 않을 것입니다. 신앙교육에서 중요한 것은 교사의 모범입니다. 교사 스스로 믿음의 확신을 가지고 가르쳐야 합니다. 확신을 가진 자의 삶을 모범으로 보여야 합니다. 그렇게 할 때 다음세대들은 신앙을 가치 있게 여기고 받아들이게 될 것입니다.

마지막으로 가르치는 교사는 교육의 대상이 누구인지에 대해서도 적절하게 알아 둘 필요가 있습니다. 신앙의 내용이 진리로서 하나의 일관성이 있는 논리의 체계라 할지라도 그것이 누군가에게 전수될 때에는 수용하는 사람의 연령이나 성별, 지적 수준, 생활환경 등의 전반을 고려하는 것이 필요합니다. 잘 가르치기 위해서는 신앙을 배우는 이들의 인간적 정황을 고려해야 하는 것입니다. 그래서 히브리서 5장 13~14절은 말하기를 "젖을 먹는 자마다 어린 아이니 의의 말씀을 경험하지 못한 자요 단단한 음식은 장성한 자의 것이니 그들은 지각을 사용함으로 연단을 받아 선악을 분별하는 자들"이라고 했습니다. 현명한 히브리서의 저자는 어린아이 혹은 어린아이와 같은 심성을 가진 사람에게는 그에 어울리는 초보적인 것을 가르치는 것이 합당하다고 말합니다.

잘 가르치는 교사가 우선하여 알아야 할 학습자에 대한 이해는 발달단계별 구분입니다. 교회는 기본적으로 간 세대 공동체입니다. 교회는 특정 연령대 사람들만 모이는 곳이나 자기 의지로 신앙고백이 가능한 성인들만의 공동체가 아닙니다. 신앙은 영아로부터 노년에 이르기까지 모두를 대상으로 하며 하나님의 구원은 모든 연령의 모든 인간을 대상으로 하는 것입니다. 그래서 어느 교회나 영아로부터 노년에 이르기까지 전 연령층이 한데 모여 있습니다.

교사는 먼저 영아, 유아, 유치 연령의 어린이들이 신앙에 대한 매우 기초적인 단어와 느낌, 그리고 아주 단순한 형태의 습관을 형성한다는 것을 알아야 합니다. 예를 들면, 이 시기 아이들은 예수님이라는 단어를 접하면서 선생님이나 어른들이 교회 안에서 예수님을 대신하여 보여주는 행동을 통해 예수님을 따뜻한 분으로 경험할 수 있습니다. 어린이들은 유치부에서 형성한 매우 기초적인 신앙 정보들을 기반으로 아직 기초적이지만 다소 복잡한 형태의 신앙 개념들을 습득하게 됩니다. 예를 들면 '예수님께서 우리를 위해 십자가에 죽으셨다'는 식의 다소 복합적이지만 기초적인 신앙고백 문장 같은 것입니다. 아울러 어린이들은 동시에 매우 기본적인 신앙 행동들을 습관화할 수 있는 기회를 갖습니다. 주일을 성수한다든지, 기도할 때에는 두 손을 모으고 눈을 감고 고개를 숙인다든지 하는 행동들입니다. 청소년기 십대를 위한 신앙 교육은 다소 복잡해집니다. 일반적으로 중등부 학습자들은 자기 정체성을 형성하는 사춘기에 접어들게 되면서 신앙에 대해 다소 비판적이 되기도 합니다. 그래서 '최초의 인류가 아담과 하와뿐이었다면 가인은 누구와 결혼을 한 것인지' 혹은 '예수님이 죽으셨는데 삼 일 만에 부활한 것에 대한 과학적 증거가 있는지' 등 다소 당혹스러운 질문을 합니다. 고등부 학습자들의 경우에는 당혹스런 질문은 줄어든다 해도 역시 합리적이고 상식적인 신앙 논리를 요구하는 경우가 많습니다. 이 시기 합리적인 신앙 상식에 대한 요구는 대학 청년부까지 이어지게 되므로 교회와 교사들은 이 시기를 중요하게 여기고 체계적인 교리교육과 신학적 논리 교육을 강화하는 것이 바람직합니다.

더불어 가르치는 교사들은 부서의 다음세대들이 개별적으로 가지고 있는 정서적 특징이나 성격적 특징들도 살필 수 있어야 합니다. 외향적인지 혹은 내향적인지, 직관과 상상을 좋아하는지 아니면 실제적인 것을 다루기 좋아하는지, 감성적인지 아니면 논리적인지, 나아가 타인을 잘 품는지 아니면 판단하기를 앞세우는지 살피면 각각 어린이와 청소년들을 상대할 때 훨씬 안정적이고 견고한 유대관계를 형성할 수 있습니다. 일반적으로 이런 식의 개별적 성격 유형을 알아보는 것은 다양한 테스트 방법들(MBTI 혹은 DISC)이 있으니 부서의 교사들과 더불어 방법을 익혀 보면 훨씬 흥미로운 교사 사역이 될 것입니다.

신앙교육의 체제와 패턴

교사로서 올바른 사역을 위해 이해해야할 중요한 또 한 가지는 신앙을 가르치고 전하는 체제와 패턴입니다. 교육이 발생하는 공간과 시간, 배경과 운영 방법 등에 대한 이해입니다. 교사는 본인이 사역해야할 공간과 시간, 그리고 운영 체제 등을 잘 알고 있어야 합니다. 일반 교육 지도자들도 이 문제를 중요하게 다룹니다. 그래서 일반 학교의 경우 교사는 자신이 어떤 배경과 의도에서 그 일을 하는지, 어떤 공간과 시간에 그 일들을 하는지에 대해 숙지하곤 합니다. 교사가 만일 이 운영체제에 대해 이해하고 있지 않다면 어떤 일이 일어나게 될까요? 아마도 엉뚱한 정신과 방향으로, 엉뚱한 공간과 그리고 엉뚱한 시간에 걸맞지 않은 모양새로 '가르치는 일'을 하고 있을지 모릅니다. 교사는 그 가르치는 장소와 시간, 그리고 배경에 대해 바르게 이해하고 있어야 합니다. 다음은 교회의 교육을 실천함에 있어 운영의 묘미상 교사가 알아야할 몇 가지 전제입니다.

교사는 먼저 성결 신앙의 내용과 방식을 바르게 알아야 합니다. 성결교회는 100여년 전 이 땅에 성결의 은혜를 전하고 가르치기 위해 세워진 교회입니다. 성결교회는 개신교이며 18세기 영국의 존 웨슬리(John Wesley)에 의해 만들어진 신학의 전통을 이어가고 있습니다. 존 웨슬리 신학은 한 편으로 감리교(Methodists)로 발전했지만 다른 한 편으로 성결교회의 전통으로 이어지기도 했습니다. 웨슬리의 성결체험을 강조하는 신학적 전통은 특히 19세기 말 미국에서 크게 발전했습니다. 이때 굉장히 많은 사람들이 중생 이후 성령으로 세례를 받는 성결을 체험하는 놀라운 일들이 있었는데, 이때 은혜 받은 카우만(Charles E. Cawman)과 길보른(Ernest A. Kilbourne) 두 사람이 '동양선교회'를 만들어 일본 선교를 했고, 이들이 일본 도쿄에서 전하는 복음을 듣고 훈련받은 정빈과 김상준 두 사람이 그 복음을 그대로 가져와 한국에서 시작한 것이 성결교회입니다. 성결교회는 특별히 중생(重生)하게 하시는 예수 그리스도와 성결(聖潔)하게 하시는 예수 그리스도, 치유(治癒)하시는 예수 그리스도(신유) 그리고 다시 오실 예수 그리스도(재림) 등의 네 가지 기독교 주요 교리를 가르치는 사중복음(the Fourfold Gospel, 四重福音)이 중요합니다. 사중복음은 루터(Martin Luther) 이후 개신교가 강조하는 '믿음을 통한 회심'과 18세기 웨슬리가 강조한 그리스도인의 성결 체험, 그리고 19세기 이후 전 세계적으로 급격하게 나타나기 시작한 회복과 신유의 복음, 그리고 선교의 열정을 갖게 하는 재림의 복음을 강조합니다.

결국 성결교회의 교사는 이 사중복음 중심의 신앙 내용과 사중복음으로 전개되는 목회 및 교육적 패턴을 바르게 이해하고 그것을 자신의 교사로서 사역에 반영할 줄 알아야 합니다. 사중복음은 교회의 한 해 삶 주기(life-cycle)를 다루는 교회력(church calendar)과 많은 부분 닿아 있습니다. 중생의 영역은 이 땅에 오셔서 죽으시고 부활하신 것을 주로 기념하는 사순절과 종려주일, 부활주일이 포함되어 있는 1월에서 3월 사이 교회력과 어울립니다. 성결의 영역은 예수님께서 부활하신 후 약 40일 동안 제자들과 교제하시고 승천하신 후 성령을 보내주셔서 제자들을 성령으로 충만하게 하셨다는 것을 다루는 성령강림주일을 기점으로 하는 4월~6월까지의 교회력과 어울립니다. 또 신유의 영역은 성령 강림주일 후 대림절(待臨節) 이전까지 교회의 사역이 강조되는 7월과 9월 사이 교회력과 연결됩니다. 마지막으로 재림의 영역은 우리 주 예수 그리스도께서 다시 오신다는 것을 강조한다는 면에서 대림절과 성탄절을 다루는 10월에서 12월 사이 교회력과 연결됩니다. 결국 교사는 1월~3월 사이에는 어린이와 청소년 그리고 새신자의 믿음과 영성, 중생의 체험에 강조점을 두어 사역하고, 4월~6월 사이에는 성령세례를 체험하고 성령 안에서 영적으로 교제하는 일을 강조하고, 7월~9월 사이에는 그리스도의 사랑으로 형제와 이웃에게 봉사하여 그들 삶이 회복되는 일을 위한 사역에 초점을 맞춥니다. 마지막으로 10월~12월 사이에는 예수 그리스도께서 이 땅에 오시는 것을 기억하며 그분이 다시 우리에게 오실 것을 소망하며 복음을 전하는 삶을 세우기 위한 노력을 기울여야 합니다. 결국 교사는 교회, 특별히 성결교회의 신앙교육이 사중복음과 교회력을 중심으로 하는 패턴이 있음을 알고 그 패턴에 자신의 사역 습관을 세워야 합니다.

마지막으로 교사가 알아야할 신앙 교육의 체제는 주일교육과 주간교육의 순환적 패턴입니다. 교사는 자신의 사역이 세상의 어떤 단체가 아닌 교회의 사역임을 잘 알아야 합니다. 교회는 그 무엇보다 주일(Sunday)을 중심으로 움직이는 공동체입니다. 교회와 성도는 월요일부터 토요일까지 세상 가운데서 부름 받은 하나님의 백성으로서 세상 가운데 사명의 삶을 살아갑니다. 그리고 주일이 되면 세상으로부터 교회로 돌아와 지난 한 주간 삶의 결실들을 하나님께 드리는 가운데 영적인 치유와 회복을 경험하며, 말씀과 기도 가운데 사명으로 부흥을 체험하여 다시 한 주간 월요일의 세상으로 돌아갑니다. 사실 교회와 성도의 주일을 중심으로 한 주일을 순환하듯 살아가는 삶은 아주 오래된 전통입니다. 예수님은 70명의 사도들을 짝을 지워 세상으로 보내신 후 그들이 다시 당신에게 돌아와 승리 보고를 하는 것을 들으시고 제자들과 더불어 하나님께 예배하셨습니다(눅 10:1~24). 이렇게 파송 받았다가 다시 돌아오는 패턴은 사도행전에서도 잘 나타납니다. 다락방에서 성령을 체험한 제자들은 예루살렘 곳곳을 다니며 복음을 전했습니다. 그들은 예루살렘 곳곳에서 병자들을 고치고 예수 그리스도를 통해 드러난 하나님나라의 복음을 전했습니다. 그러다가 어려움을 겪기도 했습니다. 그런데 예루살렘 곳곳으로 나갔던 제자들은 예전 예수님께 그렇게 했듯, 곧 다락방으로 다시 돌아왔습니다. 그리고 그들이 겪은 일들을 다락방의 공동체에게 보고했습니다. 보고를 들은 공동체는 일심으로 함께 예배하고 기도하는 가운데 새 힘을 얻었습니다. 그리고 성령 받은 이들을 다시 세상으로 내보냈습니다(행 2:1~4:31).

교사의 사역도 마찬가지입니다. 교사는 주일의 예배를 중심으로 사역해야 합니다. 교사는 다음세대들을 주일 교회의 예배로 초대해야 합니다. 그리고 그들이 예배 가운데서 회복되어 새 힘을 얻고 담대하게 다시 세상으로 나갈 수 있도록 중보와 격려를 아끼지 말아야 합니다. 더불어 교사는 주일에 다음세대들과 더불어 성경과 교리, 교회의 전통을 배우고 익히는 시간을 가져야 합니다. 아울러 교사는 다음세대들이 다양한 교회의 영적 모임과 교제 가운데로 나아갈 수 있도록 해서 그 모임 가운데서 더욱 강력한 힘을 얻을 수 있도록 해야 합니다. 교사의 주일 사역 가운데 가장 아름다운 모습은 아마도 다음세대들을 한 주일 세상 가운데로 파송하는 일일 것입니다. 예수님께서 그렇게 하셨던 것처럼, 그리고 초대교회 이후 역사 속 교회가 무수히 그렇게 했던 것처럼 교사는 가르치고 훈련시켜 영적으로 무장하도록 한 다음세대들을 세상 속 각자의 땅 끝으로 보내야 합니다. 그래서 증인으로서 그리고 제자로서 삶을 살도록 격려해야 합니다.

결국 교사의 주일 파송 사역은 한 주간 사역이 시작되는 시점입니다. 신앙을 가르치는 교사는 주일에만 교사일 수 없습니다. 신앙교육은 한 주간 세상한복판에서도 발생합니다. 교사는 따라서 한 주간 세상 가운데로 나아가야 합니다. 그리고 그들이 파송한 다음세대들이 살아가는 곳으로 다가가 그들과 만나야 합니다. 그래서 그들이 파송 받은바 제자와 증인으로서의 삶을 더욱 분발하여 살아가도록 격려해야 합니다. 혹여 그들이 베드로와 요한처럼, 스데반처럼 혹은 바울과 실라처럼 복음 때문에 고통을 겪는다면 더욱 신실한 마음으로 그들을 격려하고 그들을 위해 중보 기도해야 합니다. 일반적으로 교회에서는 이런 활동을 심방(visitation)이라고 합니다. 현대교회에서는 주로 목회자만 이 사역을 담당하는 것으로 오해되고 있는데, 사실 이 사역은 교회의 모든 평신도 사역자들이 책임을 맡고 있는 모든 소그룹 구성원들을 위해 실천해야 하는 것입니다. 에스겔 선지자가 말한 것처럼 그리고 예수님께서 말씀하신 것처럼 하나님께서는 당신의 양들을 먹이고 입히고 보호하는 것을 중요하게 여기십니다(겔 34:11~15, 요 10:11). 우리 교사들도 마찬가지입니다. 맡겨진 양들이 한 주간을 어떻게 살아가는지 살피고 그들에게 요구되는 영적 양식이 무엇인지 살펴 필요한 것을 채워줄 줄 아는 것이 교사의 아름다운 참 모습입니다.

교회마다 조금씩 다른 모습이긴 해도 신앙을 가르치는 교사가 알아야할 체제는 거의 대동소이합니다. 즉 교사는 교회의 신앙교육자로서 자신이 가르치는 공간과 시간, 그 배경을 바르게 이해해야 합니다. 교사는 의미 없이 엉뚱한 곳에서 엉뚱한 내용으로 엉뚱한 대상에게 신앙을 가르치는 우를 범하지 말아야 합니다. 하나님의 사역자들에게도 효율성은 중요한 것입니다. 특히 주어진 공간과 시간 안에서 필요한 신앙의 내용들을 잘 전수해야 한다는 측면의 효율성은 교사 스스로 늘 깨어 살펴야할 대목입니다.

Edu Point

교사는 성결교회 사중복음 중심의 신앙 내용과 교회력을 중심으로 한 교육목회 패턴과 주일 예배를 중심으로 한 일주일 신앙교육의 순환적 패턴을 알고 체득해야 합니다.

이제 가르치는 사람으로서 바르게 서기

1833년에 뉴욕의 7번가감리교회 교회학교 교사가 된 마이클 플로이(Michael Floy)는 교사로서의 삶을 살기 이전과 이후가 확연하게 달라졌습니다. 당시 25살이던 그는 콜럼비아 대학을 졸업한 꽤 유능한 사람으로서 민주당 당원이었으며 동시에 노예제를 반대하는 활동에도 참여했습니다. 그는 젊어서 죽게 되는 일에 대해 두려워한 사람이기도 했습니다. 그는 아버지의 사업을 도우며 매우 바쁘게 전도유망한 삶을 살고 있었습니다. 1827년, 그는 일생일대의 귀중한 회심을 체험하게 됩니다. 그의 삶과 영혼에 예수 그리스도의 은혜가 들어와 자리 잡은 것입니다. 이후 그는 교회에 매우 헌신적이게 되었습니다. 성경공부 모임이나 기도 모임에 정기적으로 참석했고 당시 감리교회 성도들이 대부분 그랬듯 정례적인 신도회 모임(class meeting)에 적극적이었습니다. 그뿐이 아니었습니다. 그는 어려운 사람들에게 석탄을 나눠주는 모임에도 나갔고 실제 구제활동에도 매우 성실하게 참여했습니다. 그러던 1833년, 다시 한 번 그는 일생일대의 귀중한 전환을 경험하게 됩니다. 교회 지도자들의 요청으로 교회학교 교사가 된 것입니다.

교사가 된 후 플로이는 달라진 삶을 살았습니다. 그에게 맡겨진 교회학교 학생들에게 헌신적인 사람이 되었습니다. 그는 정기적으로 학생들에게 성경과 교리를 가르쳤고 그리스도인으로서 바른 삶에 대해서도 가르쳤습니다. 무엇보다 그는 모범적이기 위해 애썼습니다. 당시 많은 교회학교 교사들과 마찬가지로 그 역시 신실한 교사이기를 원했습니다. 그리고 매우 규칙적인 삶을 살기 위해 애썼습니다. 매 순간 적절한 언어와 행실을 드러내기 위해 애썼습니다. 도덕적이고자 하는 것은 그가 학생들을 고려하여 무엇보다 애를 썼던 부분이었습니다. 그는 어느 날 일기에 이렇게 기록했습니다. "나는 학생들에게 가르칠 때 그들이 즐겁도록 노력했습니다. 그러나 내가 학생들을 가르칠 때 무엇보다 중요하게 여긴 것은 내 스스로 교사로서 생각하고 교사로서 행동하는 교사로서 살아가는 모습입니다."

신앙을 가르치는 교사에게는 무엇을 가르쳐야할지 혹은 어떻게 가르쳐야할지의 문제보다 더 중요한 것이 있습니다. 스스로를 교사로 생각하고 교사로 서서 교사로 살아가는 삶을 기획하여 실제로 실천하는 것입니다. 입으로

만 그리스도인이 많다는 비판이 가득한 시대입니다. 입으로만 실천하는 윤리가 범람하고 있다고 한탄하는 소리가 가득한 시대입니다. 신앙을 가르치는 교사의 사명을 입으로만 생각으로만 할 수 없습니다. 신앙을 가르치는 교사로서, 이번 주일 맡겨진 다음세대들 앞에 서보십시오. 그리고 스스로 다짐하십시오. "주님, 나는 교사입니다. 나를 교사로 사용해 주시고 내가 교사로서 이 친구들 앞에 바르게 서게 해 주시옵소서."

Think Point

신앙을 가르치는 교사로서 다짐해야 할 3가지와 기도제목을 나누고 함께 기도해보세요.

교사는 누구인가?

묵상: 목자 없는 양들

이제 막 사역을 시작한 K 전도사는 신학대학원 학생으로서 학업 쫓기도 바쁜 생활이지만 주어진 사역을 충실하게 감당하기로 했습니다. K 전도사는 제아무리 공부가 중요해도 주일설교 준비하는 것이나 교사들이 가르칠 성경공부 내용과 방법에 대한 지침 제공하기를 게을리하지 않겠다고 다짐했습니다. 무엇보다 K 전도사가 굳게 다짐한 것은 올 한 해 약 50명 정도 되는 고등부 친구들을 두 번씩은 심방하겠다는 것이었습니다. 이렇게 하려면 주간에 두 번 정도 저녁 시간을 비워야 합니다. K 전도사는 수요일과 금요일이 좋겠다고 생각했습니다. 그래서 담임을 맡으신 선생님과 함께 수요일이나 금요 기도회에 참석한 후 주로 밤 시간을 이용하여 주로 학원에 있을 아이들을 심방하기로 했습니다. 심방은 순조로웠습니다. 선생님들의 참여도 매우 좋았습니다. 그렇게 3월쯤 되던 수요일, K 전도사는 이번에는 부장 집사님과 더불어 교회도 잘 나오지 않고 만나기도 어려운 고등학교 2학년 L 양을 심방했습니다. 그런데 뜻밖에도 L 양은 학원에도 집에도 없었습니다. L 양의 아버지에 의하면 며칠 전 가출을 했다고 합니다. K 전도사는 무슨 마음이 들었는지, L 양의 아버지와 기도하는 가운데 그 친구를 꼭 찾아서 가족과 교회로 돌아오도록 해야겠다고 생각했습니다.

K 전도사의 다짐은 그저 기도로 끝나지 않았습니다. 그는 한 편으로 수요일과 금요일 심방을 계속하면서도 수업이 없는 화요일과 목요일 저녁에 집중적으로 L 양을 찾아다녔습니다. 학교 친구들을 만나 수소문을 하고 자주 다녔다는 홍대 근처나 동대문 일대도 뒤졌습니다. 전도사님이 힘들게 다니는 것을 그냥 볼 수 없었던 부장 집사님과 L 양의 반 선생님도 함께 다녔습니다. 어느 날은 학교의 담임 선생님도 동행했습니다. 그렇게 약 한 달여를 다닌 끝에 K 전도사님과 일행은 작은 원룸에서 친구들과 함께 지내는 L 양을 만날 수 있었습니다. 낮에는 주로 커피숍에서 아르바이트를 하고 저녁에는 친구들과 놀러 다녔다는 L 양은 K 전도사를 보자 놀란 눈치였습니다. 그러나 곧 전도사의 설득에 순응하고 집으로 돌아가기로 했습니다. 나중에 L 양은 자신에 대해 그렇게 관심을 가져준 사람은 K 전도사가 처음이었다고 고백했습니다. 그렇게까지 관심을 가져준 K 전도사의 이야기를 듣고 집으로

돌아가지 않을 수 없었다고 말했습니다. K 전도사는 말합니다. "L 양 아버님의 이야기를 듣는 순간, 예수님의 잃은 양을 찾는 목자 이야기가 생각났습니다. 그리고 내가 바로 그 목자여야 한다는 생각을 가졌습니다. 다시 하라면 못할 것 같습니다만 잃은 양을 찾는 일의 중요성과 책임감을 다시 한 번느끼게 되었습니다." 안타까운 이야기지만, K 전도사와 같은 목자를 만나기어려운 시대를 살고 있습니다. 그러나 우리 교회는 여전히 K 전도사와 같은목자 세우기를 위한 노력을 그치지 말아야 합니다.

우리는 K 전도사와 같이 방황하는 양들을 위해 수고하고 헌신하는 '좋은목자'의 이미지를 성경에서 발견할 수 있습니다. 하나님의 은혜 아래 있던 평안한 삶이 사라진 이스라엘, 그래서 방황하고 떠도는 이스라엘에 선한 목자이미지는 중요한 것이었습니다. 결국 하나님과 에스겔의 모습은 이 시대 방황하여 유리하는 어린 양들을 위하여 참 목자가 되려는 교사들에게 귀한 묵상의 소재가 됩니다.

우리가 잘 알고 있듯 이스라엘은 솔로몬 이후 두 개의 나라로 갈라졌습니다. 북 이스라엘과 남 유다입니다. 북 이스라엘은 역사에서 신아시리아 제국이라 불리는 앗수르에 의해 멸망했습니다. 앗수르의 왕들은 북 이스라엘 사람들을 제국 내 이곳저곳으로 흩어버렸습니다. 하나님의 백성들이 유리하여방황하게 된 것입니다. 이어 남 유다는 앗수르 이후 등장한 신바빌로니아라불리는 바벨론에 의해 멸망하게 됩니다. 그런데 바벨론은 남 유다를 멸망시키는 과정에서 약 세 번에 걸쳐 남 유다 사람들을 포로로 잡아갔습니다. 북이스라엘에 이어 남 유다 백성들 역시 세계 곳곳을 방황하는 고통을 겪게 된것입니다. 예언자들은 이런 상황을 목자 없이 방황하는 양들로 이야기했습니다. 그 가운데 하나가 바로 에스겔입니다.

에스겔 선지자는 바벨론에 포로로 잡혀간 첫 번째 무리에 있었습니다. 그와 일단의 유대 젊은이들 그리고 지도자들은 수도 바벨론과 멀지 않은 곳, 그 발강가에서 새로운 삶의 터전을 꾸렸습니다. 이곳에서 제사장이자 선지자였던 에스겔은 포로로서 힘든 삶을 사는 자신은 돌보지 않은 채, 유다 땅에서 영적인 피폐함 가운데 고통 받는 동족을 향하여 예언 사역을 감당했습니다. 그는 유다 땅에 남은 하나님의 백성들이 걱정스러웠습니다. 그가 듣기에 지도자들은 무능했고 타락했으며 백성들은 살 곳 없이 기댈 곳 없이 방황하고 있었기 때문입니다. 이런 상황에서 에스겔이 남 유다와 그 백성들을 향하여 외친 예언이 바로 에스겔서 34장입니다. 예언에서 에스겔은 먼저 하나님의 백성들을 방치하고 돌보지 않는 '자칭 목자들'을 비판합니다. 그들은 "자기만 먹고 양 떼는 먹이지 않는 목자"들이었습니다(겔 34:2). 그들은 오히려 양 떼 가운데 살찐 것들을 잡아먹습니다(3절). 이어지는 그의 예언은 직설적입니다. "너희가 그 연약한 자를 강하게 아니하며 병든 자를 고치지 아니하며 상한 자를 싸매 주지 아니하며 쫓기는 자를 돌아오게 하지 아니하며 잃어버린 자를 찾지 아니하고 포악으로 그것들을 다스렸도다"(4절). 에스겔의 예언처럼 이스라엘 백성들은 흩어지고 무너졌습니다. 그들은 유리하고 방황하며 사방에서 그들을 노리는 대적들에게 잡아먹히고 말았습니다. 에스겔의 비판적인 예언은 한 편으로 날카롭지만 다른 한 편으로는 애처롭습니다.

에스겔은 방황하는 양들을 향한 하나님의 자비하신 뜻을 전했습니다. 그는 유다 땅에서 희망 없이 살아가는 이스라엘 백성, 포로로 잡혀와 희망을 상실한 채 살아가는 하나님의 백성들, 그 목자 없는 양들을 향해 하나님의 구원과 회복을 위한 뜻이 분명하게 섰음을 외쳤습니다. 그는 예언합니다. "그러므로 목자들아 여호와의 말씀을 들을지어다"(7절). 에스겔은 이제 이렇게 그의 예언을 몰고 갑니다. "주 여호와께서 이같이 말씀하시되 내가 목자들을 대적하여 내 양 떼를 그들의 손에서 찾으리니 목자들이 양을 먹이지 못할 뿐 아니라 그들이 다시는 자기도 먹이지 못하리라 내가 내 양을 그들의 입에서 건져내어서 다시는 그 먹이가 되지 아니하게 하리라"(10절). 에스겔은 방황하는 이스라엘 백성들을 향하여 하나님께서 친히 이스라엘의 목자가 되셔서 그들을 회복시키시고 그들을 다시 부흥시키시리라고 외쳤습니다. 그는 하나님의 뜻을 대언하여 "내가 친히 내 양의 목자가 되어 그것들을 누워있게 할지라 주 여호와의 말씀이니라"고 외쳤습니다(15절). 에스겔의 하나님은 흩어진 이스라엘을 모으시고 위로하시며 안정된 새 삶으로 인도하시는 참 목자이셨습니다.

에스겔서에 나타난 참 목자의 비전은 우리 교사들과 신앙을 가르치는 모든 이들의 사역에 모범이 됩니다. 에스겔의 예언은 '하나님의 친히 목자되심'으로 요약됩니다. 에스겔의 예언에서 하나님께서는 잘못된 지도자, 목자들 때문에 고생하는 양들을 긍휼히 여기십니다. 그런데 하나님께서는 그들에 대한 비난에 그치지 않으십니다. 선한 목자 되신 하나님께서는 그 양들을 잘못된 구조와 리더십 아래에서 구출하십니다. 그리고 그 양들을 의롭고 평화로운 은혜의 자리로 인도하십니다. 에스겔을 통해 드러난 목자 되신 하나님은 적어도 양들에게 주어진 불의한 구조를 타파하시고 그들의 상처를 끌어안으시며 그들을 다시 선한 길로 인도하시는, 책임을 다하시는 참 목자이십니다. 우리가 살아가는 세상에도 목자 없이 유리하는 어린 양들이 많이 있습니다.

우리 교사들과 신앙을 가르치는 지도자들은 하나님의 마음을 따라서 그리고 에스겔 선지자의 그 하나님 뜻에 동참하는 마음을 따라서 양들을 향한 긍휼의 마음, 그들을 구원해 내야 한다는 사명, 그리고 그들을 바른 길, 평안의 길로 인도해야 한다는 책임감을 가져야 합니다. 이것이야말로 이 불의하고 황폐하며 양들을 방황하게 만드는 시대에 참 목자이고자 하는 사역자가 품어야 할 중요한 비전입니다.

Think Point

당신이 경험했던 참 목자, 참 교사는 어떤 분이셨나요?

참 목자로 수고한 지도자들

하나님께서 흩어진 양들 곧 당신의 백성들을 다시 회복시키시고 그들을 다시 부흥시키시리라는 것은 성경에서 중요한 메시지입니다. 성경은 하나님께서 양들을 긍휼히 여기시고 구원하시며 평안한 삶으로 인도하신다고 무수히 이야기합니다. 선지자 예레미야는 "목자들이 어리석어 여호와를 찾지 아니하므로 형통하지 못하여 그 모든 양 떼가 흩어졌다"고 말했습니다(렘 10:21). 백성들을 바르고 평안한 길로 인도해야할 지도자들이 그 책임을 다하지 않은 것을 탓한 것입니다. 지도자들이 실패한 결과 이스라엘과 백성들은 무너지고 흩어지고 말았습니다. 예레미야는 여호와 하나님의 말씀을 따라 "내 목장의 양 떼를 멸하여 흩어지게 하는 목자에게 화 있을 것"이라고 단호하게 말합니다(렘 23:1). 그리고 하나님께서 당신의 백성들을 위해 종국에 선하고 바른 목자를 세우실 것이라고 예언합니다(렘 23:4). 선지자 이사야 역시 목자 이야기로 이스라엘 백성들의 위기를 말합니다. 그는 이스라엘의 멸망과 백성의 방황은 바르고 선한 목자의 부재 때문이라고 말합니다. 이사야의 예언은 절망스러운 선포만으로 끝을 맺지 않습니다. 그는 이스라엘의 회복을 언급하면서 하나님께서 곧 "목자같이 양 떼를 먹이시며 여린 양을 그 팔로 모아 품에 안으시며 젖먹이는 암컷들을 온순히 인도하실 것"이라고 예언합니다(사 40:11). 하나님께서 목자의 리더십으로 백성들 앞에 서실 것이고 그 안전한 인도를 통해 이스라엘이 회복하리라는 것입니다.

이런 하나님의 참 목자 비전은 성경의 실제 역사에서 몇몇 참 지도자들에 의해 실현되었습니다. 성경은 그래서 하나님의 이러한 뜻을 받들고 그 뜻이 현실 가운데 실현되도록 노력한 지도자들의 이야기이기도 한 것입니다. 흩어진 하나님의 백성들을 모으고 회복시키는 일에 앞장선 대표적인 사람은 아마도 스룹바벨(Zerubbabel)일 것입니다. 원래는 남 유다의 왕위 계승자였으나 바벨론에 포로로 잡혀갔었습니다. 스룹바벨은 하나님께서 정하신 기간이 다 되어 고향 예루살렘으로 돌아갈 수 있게 되자 제사장 여호수아와 더불어 가장 먼저 이스라엘 백성들을 이끌고 유다 땅으로 돌아온 사람이었습니다. 그는 페르시아 제국 곳곳에 흩어져 살던 약 5만 명이나 되는 이스라엘 사람들을 모아 유다로 인도하였고 귀환한 백성들의 안정적인 삶을 위해 예루살렘 성전을 다시 세우는 일에도 최선을 다했습니다. 학개 선지자는 그래서 흩어진 양과 같은 이스라엘 백성들을 예루살렘으로 회복시킨 스룹바벨을 지정한 하나님의 종이라고 칭찬했습니다(학 2:23).

또 느헤미야(Nehemiah)와 에스라(Ezra)는 스룹바벨의 1차 귀환 이후 재차 이스라엘 백성들의 귀환과 예루살렘 회복을 위해 수고한 지도자들이었습니다. 느헤미야는 아직도 페르시아 곳곳에서 포로로 고단한 삶을 이어가는 하나님의 백성들을 보며 마음이 아팠습니다. 스룹바벨의 놀라운 지도력으로 1차 귀환이 무사히 이루어졌다고 해도 그들의 영적 고향 예루살렘은 여전히 곳곳에 무너진 채 남아 있었습니다. 이런 상황에서 느헤미야는 에스라와 더불어 참 목자가 되기 위한 여정에 나섰습니다. 그는 페르시아의 아닥사스다 왕의 허락을 받고 일단의 이스라엘 백성들을 이끌어 유다로 귀환했습니다. 그가 예루살렘에 도착했을 때 유대인들의 삶은 처참했습니다. 그들은 보호막이 될 성곽도 없는 예루살렘에서 주변 나라 대적들의 침략에 두려워하며 불안한 삶을 살고 있었습니다. 느헤미야는 통렬한 심정으로 예루살렘을 중건했습니다. 그리고 주변 특별히 사마리아의 산발랏과 같은 불의한 이들의 침략으로부터 백성들을 보호했습니다. 목자 없는 양 같이 신음하는 백성들의 삶을 보호한 것이 느헤미야라면 그 백성들의 내면의 질서를 바르게 세우고 그들을 바른 길로 인도한 참 목자는 에스라였습니다. 그는 예루살렘에 돌아가기 전 자신의 사명을 분명하게 세웠습니다(스 8:31~32). 그는 이스라엘 백성들을 바르게 세우는 일에 자신의 사명이 있음을 알았습니다. 그리고 온 백성들로 하여금 회개하여 하나님의 말씀 가운데 바르게 세우는 일을 위해 헌신했습니다(느 8:1~8). 스룹바벨과 느헤미야, 에스라 등은 하나님의 백성들이 길을 잃고 방황할 때 그들에게 길을 알려주고 바른 길로 인도하며 그들 삶의 내면과 외면 모든 부분을 온전하게 하는 목자의 수고를 아끼지 않았습니다. 참 목자이고자 하는 교사라면 누구든 이들의 삶이 기록된 성경의 이야기들을 묵상하며 목자로서 온전한 모습을 세워야 할 것입니다.

성경의 선지자들과 지도자들에 비교하여 예수님은 하나님의 참 목자로서 가장 온전한 사역을 수행하신 모범일 것입니다. 무엇보다 예수님은 하나님의 아들로서 누구보다 분명하게 스스로를 선한 목자라고 선언하셨습니다(요 10:11). 이 선언은 마치 길 잃고 울먹이는 아이에게 주변 사람들이 부모가 누구며 어디 있느냐고 다그칠 때, 한 여인이 "제가 그 아이 엄마에요!"라고 외치며 다가오고, 순간 아이의 얼굴이 환해지며 함박웃음이 피어나는 것과 유사한 풍경을 자아냅니다. 예수님의 목자 선언은 우리가 인생에서 가야할 바를 몰라 헤매고 있을 때, 그래서 사탄이 우리에게 다가와 우리를 자신의 악한 냄새 나는 추악한 날개 아래로 거두려 할 때, 예수님께서 나타나셔서 "내가 그 길 잃은 친구의 보호자이며 안내자입니다. 그 친구에게서 손을 떼시오!"라고 외치는 것과 같은 것입니다. 참으로 멋진 것입니다.

그런데 예수님께서 스스로 목자됨을 선언하신 것에는 다음의 몇 가지 생각해 볼만한 부분이 있습니다. 교사로서 우리는 이 부분에 주목해야 합니다.

먼저 예수님께서는 참 목자인 자신과 강도를 구분하십니다(1,8,10절). 예수님께서 보시기에 목자가 아닌 강도는 모두 예수님보다 앞서서 온, 스스로를 메시아라 칭했던 사람들이었습니다. 그런데 그들은 모두 문을 통해서 양 우리에 들어오지 않았습니다. 그들은 양들에게 다가오면서 담을 넘었습니다. 강도들의 관심은 양들을 훔쳐 그들을 죽이고 그들에게서 고기와 가죽을 취하려는 것뿐입니다. 강도들은 양들을 먹이고 재우고 좋은 곳으로 인도하는 것에는 관심이 없습니다. 반면 선한 목자 예수님의 관심은 강도의 그것과 사뭇 달랐습니다. 선한 목자는 문으로 드나듭니다(2절). 그렇게 문으로 들어온 목자는 양들의 안전과 양들의 건강과 양들의 평안에 관심을 기울입니다. 양들도 선한 목자의 목자다움에 반응합니다(4절). 양들은 강도의 말은 듣지 않아도 선한 목자의 말은 잘 듣고 따릅니다. 그렇습니다. 목자는 양들을 살리기 위한 존재이지 양들을 죽이기 위한 존재가 아닙니다.

또 하나, 예수님께서는 양들의 문이 되십니다(7절). 예수님께서는 스스로를 양의 문이라 칭하신 이유를 이렇게 말씀하셨습니다. "내가 문이니 누구든지 나로 말미암아 들어가면 구원을 받고 또는 들어가며 나오며 꼴을 얻으리라"(9절). 예수님의 말씀은 곧, 예수님이야말로 양들을 악한 강도들과 짐승들로부터 보호하는 목자이며 양들이 필요로 하는 먹을 것과 마실 것을 제공하는 참 목자라는 것입니다. 중요한 것은 목자의 책무입니다. 예수님은 목자가 양들을 보호하지 않고 양들에게 먹을 것도 주지 않는다면 목자일 수 없음을 말씀하고 계십니다. 시편 23편이 이미 말하고 있는 것처럼, 목자는 때를 따라 양들을 푸른 초장과 맑은 시냇물이 있는 곳으로 안내할 줄 알아야 합니다. 그래서 양들이 필요로 하는 물과 꼴을 먹이는 책임을 다해야 합니다. 목자가 만일 단 하루라도 이 책무를 게을리한다면, 그래서 자신의 안위와 자신의 편안함을 위해 양들을 배고프고 위험한 상태에 방치한다면 그는 참 목자일 수 없을 것입니다.

마지막으로 예수님은 스스로를 참으로 선한 목자라고 말씀하시면서 "나는 양을 위하여 목숨을 버리노라"고 선언하셨습니다(15절). 참 목자이신 예수님은 양들을 위하여 죽기까지 책임을 다하는 분이십니다. 참 목자 됨은 자신의 목숨을 내놓고라도 양들을 보호하고 양들을 돌보는 책임을 다하는 것입니다. 예수님께서는 이어서 "이 우리에 들지 아니한 다른 양들이 내게 있어 내가 인도하여야 할 터이니 그들도 내 음성을 듣고 한 무리가 되어 한 목자에게 있으리라"고 말씀하셨습니다(16절). 그런데 여기서 예수님의 죽음은 현재 주어진 양 무리만을 위한 것이 아닙니다. 예수님은 당신의 은혜를 사모하여 당신의 돌봄을 소망하는 세상 모든 양들을 위하여 스스로를 내어주시는 분이십니다. 결국 참 목자는 양들을 보고하고 양들을 구원하여 선한 길로 인도하기 위하여 주어진 모든 책임을 끝까지 감당하는 사람입니다.

교사로서 잃은 양에 대한 관심, 목자 없이 방황하는 양들에 대하여 관심을 갖는 일은 중요한 대목입니다. 교사의 사역을 시작하면서 특별히 목자 되신 예수님을 만나고 예수님을 따르는 것은 무엇보다 중요한 부분입니다. 교사로서 만일 요한복음이 말하는 목자 되신 예수님을 경험했다면 이제 교사는 참 목자 되신 예수님을 따라야 합니다. 교사는 무엇보다 양들과 양들을 둘러싼 세상을 향하여 '내가 목자'라고 선언하는 것이 중요합니다. 또한 목자로서 교사는 양들의 몸과 영혼이 성장하는 데 필요한 '꼴을 먹이는' 일상의 신실한 책임을 다해야 합니다. 나아가 목자로서 교사는 양들을 위해 기꺼이 자신의 시간과 자신의 모든 것을 '내어주는 헌신을 다하는' 사람이어야 합니다.

Edu Point

참 목자는 양들을 보호하고 양들을 구원하여 선한 길로 인도하기 위하여 주어진 모든 책임을 끝까지 감당하는 사람입니다.

목자로서의 선언과 목자로서의 책임을 다하는 것, 죽기까지라도 헌신하는 것 등을 생각하면, 이 모든 것이 신앙을 가르치는 교사가 품어야할 정신이라면 교사의 직에 대해 살짝 두려움이 생길 것입니다. 사실 신앙을 가르치는 교사의 직을 감당하는 것은 쉬운 일이 아닙니다. 혹시라도 '한번 해 보지, 뭐.' 하는 생각으로 교사 사역을 시작하고 지금 이 책을 보고 계시다면, 이제라도 교사의 직은 쉬운 멍에가 아님을 마음에 새겨야 합니다. 그렇습니다. 목자로서 교사의 삶은 흔히 상상하듯 목가적 여유로움을 의미하지 않습니다. 목자로서 교사의 삶은 대부분의 부모와 가르치는 사역을 감당하는 지도자들이 그렇듯, 끊임없는 수고와 헌신을 요구합니다. 그래서 예수님께서는 요한복음 21장에서 제자 베드로와 더불어 목양의 사명을 나누시면서 매우 특별하고 의미 있는 의식을 마련하셨습니다. 이제부터 교사의 직을 새로이 감당하기로 한 우리는 이제부터 요한복음 21장을 주목해야 합니다. 그리고 깊이 묵상해야 합니다.

소명(召命): 양을 품는 목자

요한복음은 예수님께서 부활하신 후 다락방에서 한 번 그리고 갈릴리 호숫가에서 한 번 제자들에게 모습을 드러내셨다고 기록하고 있습니다. 사실관계로 따지자면 꼭 두 번은 아니었을 것입니다. 요한복음은 20장에서 예수님께서 부활하셔서 제자들에게 그 부활하신 명백한 모습을 드러내셨다고 강조합니다. 그리고 요한복음은 기록을 마친 것처럼 보입니다. 요한복음 20장 30~31절은 마치 책의 마지막 장을 정리하는 느낌으로 기록되어 있습니다. "예수께서 제자들 앞에서 이 책에 기록되지 아니한 다른 표적도 많이 행하셨으나 오직 이것을 기록함은 너희로 예수께서 하나님의 아들 그리스도이심을 믿게 하려 함이요 또 너희로 믿고 그 이름을 힘입어 생명을 얻게 하려 함이니라" 한 눈에 보아도 기록을 마무리하려는 것 같은 느낌입니다. 그런데 실상 요한복음은 거기서 끝나지 않습니다. 요한복음에는 21장이 더 있습니다. 21장은 말 그대로 베드로에 대한 이야기입니다. 아시다시피 베드로는 예수님께서 체포되시던 날 대제사장의 집 앞 뜰에서 예수님을 세 번 부인했습니다. 흥미롭게도 이후 요한복음의 기록에서 베드로는 사라집니다. 부활하신 후 사건의 주인공은 막달라 마리아나 도마이지 베드로가 아니었습니다.

21장에 대해서는 연구하시는 분들마다 다양한 해석을 합니다. 그러나 21장의 이야기는 어떻게 버림받았던 베드로가 예수님 앞에 다시 서게 되고 그리고 초대교회의 중요한 목회자 가운데 한 사람으로 세움을 받게 되었는지에 대한 기록으로 보는 것이 합당할 것입니다. 말하자면 21장은 역사에서 사라질 뻔했던 한 사람이 다시 역사와 사역의 중심으로 서게 되는 과정을 다루는 이야기인 것입니다. 물론 그 가능성을 여신 분은 예수님이십니다. 그런데 요한복음 21장의 베드로 이야기는 마치 의심하며 불순종하던 우리와 많이 닮았습니다. 우리 역시 예수님을 의심하며 예수님을 부인하고 예수님과 십자가 동행하기를 주저했습니다. 그러나 예수님께서는 베드로를 다시 회복시키신 것처럼 우리에게도 회복 기회를 주십니다. 그리고 예수님과 함께 십자가의 길을 가기를 원하십니다. 베드로의 경우에는 죽는 순간까지 21장에서 주어진 새로운 삶을 내려놓지 않았습니다. 우리 역시 요한복음 21장에 대한 묵상을 통해 우리 주 예수님께서 우리에게 베푸시는 사역 회복의 은혜를 경험하고 깊이 있고 책임 있는 목자로서의 사역에 나아가야할 것입니다.

미안하고 죄송한 마음이 들었던지 베드로는 갈릴리에 나타나신 예수님의 관심을 끌고자 많은 노력을 기울였습니다. 사실 그가 갈릴리에 간 것은 단순히 고기잡이 사업에 복귀한 것이 아니었습니다. 21장 2절과 3절은 그가 나름대로 하나님나라를 전하는 사역을 시작했음을 의미합니다. 그런데 그의 사역에는 한계가 있었습니다. 도무지 열매가 없었던 것입니다. 결국 베드로와 동행한 동료들은 사역에서 늘 허탕을 치고 맙니다. 그런데 그곳에 예수님께서 나타나셨습니다. 베드로는 처음 예수님을 알아보지 못했습니다(요 21:4). 그런데 예수님께서 먼저 "얘들아 너희에게 고기가 있느냐"고 물으셨습니다(5절). 그리고 "그물을 배 오른편에 던지라 그리하면 잡으리라"고 하셨습니다(6절). 베드로와 제자들은 예수님의 말씀에 순종했습니다. 그리고 많은 고기를 낚을 수 있게 되었습니다. 이야기인즉, 이것은 예수님께서 그들의 사역에 동행하시고 예수님께서 그들의 사역 중심에 서시게 되자 드디어 그들의 사역에 결실이 있게 되었음을 말하는 것입니다. 사실 우리의 교회 사역 역시 마찬가지입니다. 우리는 때로 우리들의 인간적인 노력만으로, 혹은 인간적인 생각만으로 사역이 완성될 수 있다고 생각합니다. 그러나 하나님 나라 사역은 그렇지 않습니다. 하나님나라 사역은 언제나 예수님이 그 중심에 계셔야 합니다. 예수님께서 그 사역의 중심에 계시다는 것은 바로 그분이 초점을 맞추고 있는 바에 대한 동참이고 그분이 사역하시는 방식에 맞추는 동참을 의미하는 것입니다.

그런데 베드로에게는 한 가지 더 남아 있는 과제가 있었습니다. 목자로서 소명을 받는 일입니다. 예수님께서 갈릴리에 다시 나타나신 것은 아마도 이 문제를 해결하시기 위함이었던 것 같습니다. 일단 예수님께서는 제자들의 사역에 당신의 위치와 역할을 더하셨습니다. 그러자 제자들의 사역에 결실이 나타나게 되었습니다. 이제 예수님께서는 베드로를 비롯한 제자들을 보다 더 넓고 깊이 있는 사역의 자리로 부르십니다. 예수님께서는 먼저 베드로를 호숫가로 이끄셨습니다. 그리고 베드로에게 '목양의 자리'로 나아가라고 격려하십니다. 예수님은 이 순간 먼저, 베드로와 당신의 관계를 명료하게 하셨습니다. "우리가 서로 사랑하는 관계인가?"라고 물으신 것입니다(요 21:15~17). 베드로는 물론 자신이 예수님을 사랑하고 있음을 확인합니다. 예수님은 당신과 제자 사이에 사랑의 관계가 확립된 것을 확인하신 후 바로 사랑하는 제자에게 당신의 사역을 위임하셨습니다.

결국 사명을 부여받는 자리가 그렇습니다. 사명을 받는 자리에서 무엇보다 중요한 것은 사랑과 신뢰입니다. 사명을 받는 자리에서 가장 우선해야 하는 것은 '무엇을 해야 하는가?'의 과제 정립보다 '누구에게서 이 과제를 넘겨받는가?' 그리고 '과제를 주고받는 이가 서로 사랑과 신뢰의 관계를 가지고 있는가?'를 앞세워야 합니다. 사명은 그래서 여느 회사의 업무 과제와 다릅니다. 물론 그 업무 과제라는 것에도 나름의 신뢰 관계가 중요합니다. 그런데 신앙을 전하고 신앙을 가르치며 신앙 안에서 관계를 돈독하게 하는 사명, 그 부르심에는 일반 회사나 단체가 추구하는 업무 지침의 명료함을 넘어서는 관계의 형성 즉, 사랑과 신뢰의 관계 형성이 필요한 것입니다. 신앙이라는 것은 개인의 이익을 추구하지 않는 채 그 고결한 정신과 우주적인 의미를 지향하며 사명을 수행해야 하기 때문에 더더군다나 사랑과 신뢰는 중요한 것이 됩니다.

우리 교사의 사역이 그렇습니다. 신앙을 가르치는 사역에서는 우리가 누구를 믿으며, 그 믿음의 관계에서 우리는 과연 그 대상과 사랑의 관계를 가지고 있는가가 중요한 문제입니다. 결국 우리는 그 사랑과 믿음의 관계 안에서 신앙의 대상으로서 하나님과 예수 그리스도, 그리고 성령님에 대한 지식과 지혜를 나누고 가르치며 형성합니다. 이 모든 지혜와 지식은 사랑과 믿음의 관계가 아니면 받아들이기 어려운 것들입니다. 그것들은 사랑과 믿음의 관계 안에서만 객관적이고 타당하며 명료합니다. 신앙을 가르치는 교사는 결국 하나님과 더불어 온전한 사랑과 신뢰의 관계를 가질 때 그가 가르치는 신앙의 내용과 방식 등에 의미와 가치를 부여할 수 있게 되는 것입니다.

교사는 결국 예수 그리스도의 사랑으로 부르시는 소명에 응답해야 합니다. 그래서 예수 그리스도와 맺는 사랑과 신뢰의 관계 안에서 형성된 다양한 지혜와 지식, 삶의 방식 등을 다음세대 어린이, 청소년 혹은 새신자들과 더불어 나눌 수 있어야 합니다. 사랑하기 때문에 받아들이고 나눌 수 있는 지혜와 지식, 삶의 방식들이야말로 교회가 가르치는 일을 포함하는 사역의 장들에서 품어야 하는 가장 아름다운 것들입니다. 교사는 결국 이 아름다운 것들을 품어 다음세대에게 전수하는 일의 청지기로서 합당한 모습이어야 할 것입니다. 그래서 교사는 그리스도 예수 안에서 사랑으로 소명 받은 사역자이어야 합니다.

Edu Point

교사는 그리스도 예수 안에서 사랑으로 소명 받은 사역자입니다. 그래서 예수 그리스도와 맺은 사랑과 신뢰의 관계 안에서 형성된 다양한 지혜, 지식, 삶의 방식 등을 다음세대와 더불어 나눠야 합니다.

지명(知命): 양을 먹이는 목자

소명의 단계를 넘어서신 예수님께서는 이제 본격적으로 베드로를 사역의 자리에 구체적으로 세우십니다. "내 양을 먹이라"는 것이 예수님께서 베드로에게 주신 사역 지침입니다(요 21:15). 양을 먹이는 일은 아무래도 목자의 임무입니다. 목자에게 주어진 일인 것입니다. 양들의 주인이 아닌 이상 목자가 아닌 사람이 이 일을 할 이유는 없습니다. 혹 양의 주인이라 할지라도 그가 양들에게 꼴을 먹이고 물이 있는 곳으로 안내한다면 그는 주인이기 전에 목자입니다. 부모이니 자식을 먹여 살리고, 나라님이니 백성들을 거두는 것처럼 목자이기에 양들을 먹이고 돌봅니다. 부모에게 자식 먹이는 일이 부모로서의 책임이고 나라님이 백성들 먹여 살리는 것이 나라님으로서 책임이라면 양들을 먹여 살리는 일은 목자에게 주어진 책임입니다. 그러니 예수님께서 말씀하시는 목양의 책임을 감당한다는 것은 목자가 되어 목자로 서서 목자로 살아가는 것을 의미합니다. 예수님을 사랑한다고 하면서, 또 예수님께서 주시는 사명을 기쁜 마음으로 받들겠다고 선언하면서 주어진 목자는 되지 않겠다고 하면 그것은 소명 받은 이의 모습이라 할 수 없는 것이 됩니다. 신앙을 가르치는 교사 역시 마찬가지입니다. 주님을 사랑하고 주님 주시는 사명은 무엇이든 감당하겠다고 말하면서 실제로 목자의 자리, 목자의 사명이 주어졌을 때 그 자리, 그 실질적인 역할을 외면한다면 그는 참 소명의 사람이라고 할 수 없을 것입니다.

결국 예수님께서 내 양을 치라 말씀하신 일 즉, 목자가 되는 것은 목자로서 자리를 받아들이고 그 해야 할 일이 무엇인지 알아 책무를 다하는 것을 의미합니다. 역시 목자의 사명을 받은 교사들을 고려하여 예수님의 목양 위임은 다음의 세 가지 교훈을 담고 있습니다. 첫째는 예수님께서 말씀하신 사명을 받들기 위해 우리는 먼저 목자가 되어야 합니다. "그렇습니다. 주님, 주님께서는 제게 목자가 되라고 하셨습니다"라고 선언하는 일은 중요합니다. 목자이고자 할 때에만 우리는 예수님께서 말씀하시는 "내 양을 먹이라"는 명령을 이해할 수 있습니다. 가르치고 돌보는 교사의 책무는 바로 목양의 책무입니다. 목자가 되어서 그들을 영적으로 먹이고, 영적으로 입히고, 영적으로 바르게 안내하는 실질적인 책임을 감당하는 것이야말로 교사의 가장 중요한 첫 단추입니다. 목자 됨을 인정하지 않는 것, 그래서 그들에게 필요한 것을 먹이고 입혀야 한다는 것을 받아들이지 않는 것은 교사가 되겠다고 말은 하면서 매 주일 아침 성가대석에 가서 앉아 있거나 찬양팀 자리에 가 있는 것과 같은 것입니다. 그 자리에 가 있느라 목자로서 교사의 사명을 잊는 것입니다. 교사가 되기로 했으면 목자로서 다음세대를 먹이고 입히는 자리를 지켜야 합니다. 그리고 맡겨진 양들에게 "내가 너희들의 목자다"라고 말할 수 있어야 합니다.

둘째, 예수님께서 베드로에게 "내 양을 먹이라" 혹은 "내 양을 치라"고 하신 것은 먹이고 치는 실질적인 목자의 행위를 요구합니다. 중동 지역의 목자들은 아침이면 양들을 우리에서 이끌어 내어 풀이 자라 있는 곳으로 안내하고 물을 마실만한 곳으로 안내하는 일을 중요한 일과로 여깁니다. 목자는 봄철 혹은 여름철 혹은 비가 많이 내리는 가을과 겨울철 어느 곳에 풀이 잘 자라는지, 혹은 어디에 가면 맑고 깨끗한 물을 마실 수 있는지 잘 아는 사람이어야 합니다. 그래서 대부분 목자는 계절마다 풍족하게 먹이고 쉴만한 곳으로 양들을 안내하는 것을 가장 중요한 책임으로 알고 있습니다. 목자가 만일이 일을 게을리하거나 소홀히 다룬다면 그는 목자일 수 없는 것입니다. 흥미롭게도 앞서 언급한 에스겔이나 예레미야, 이사야를 비롯해서 예수님까지도 삯꾼 목자를 언급하시면서 그들이 양들을 먹이지도 않고 양들을 돌보지도 않을 뿐 아니라 양들을 짐승과 도적 떼로부터 보호하지도 않는다고 말하고 있습니다. 삯꾼 목자는 결국 그들에게 주어진 일상의 과업을 수행하지 않는 일꾼들을 말합니다. 일을 맡긴 주인 입장에서나 양들의 입장에서는 참 힘든 존재들입니다. 양들과 양들의 성장에 집중하지 않는 일꾼들이기 때문입니다.

셋째, 목양의 사명을 받는 목자는 맡겨진 양들이 자신의 양들이 아닌 하나님의 양들임을 주지해야 합니다. 예수님께서 베드로에게 목양의 사역을 위임하실 때 강조하신 것은 바로 "내 양"들입니다(15~17). 그 양들의 주인은 청지기 목자들이 아니라 바로 예수님 자신이라는 것입니다. 예수님은 이 부분을 명확하게 하셨습니다. 사실 하나님께서 태초에 천지를 창조하시고 인간을 만드시고서 인간들에게 주신 사명이 이런 것이었습니다. 하나님께서는 인간을 만드시고서 세상 모든 만물에 대해 책임감을 가지고 그들을 다스리고 그들을 잘 관리하라고 하셨습니다. 우리가 흔히 말하는 청지기의 사명입니다. 창조된 인간 세상을 다스리는 책임은 주인으로서 원하는 대로 마음껏 누리는 것이기보다는 과제를 맡은 청지기로서의 사명을 다하는 것이라고 보아야 합니다. 결국 창조 때의 청지기의 사명은 오늘 교회를 중심으로 하는 베드로의 후예들에게도 고스란히 전수되고 있습니다. 그래서 베드로와 더불어 '내 양' 혹은 '우리의 양'이 아닌 '하나님의 양, 예수님의 양'에 대한 위임받은 책임을 다해야 합니다.

교사가 목자의 사명을 품는 것은 베드로처럼 신실하여 소임을 다하는 청지기 목자가 되는 것입니다. 목자가 되는 것은 양들에 대한 실물적인 책임과 더불어 그 양들에 대한 소유권이 하나님께 있음을 깊이 있게 인지해야 함을 의미합니다. 교사라면 적어도 "당신이 언제 내게 먹을 것과 마실 것을 주었습니까?"라는 이야기는 듣지 말아야 합니다. 교사에게 진심으로 중요한 것은 '말로만의 목자'가 아닌 '실질적인 목자'가 되는 것입니다. 교사는 맡겨진 양들의 영적인 삶의 실체에 다가가 그 삶을 끌어안은 뒤 그에게 필요한 것이 무엇인지 생각하고 그것을 실질적으로 채워주는 사역을 다 해야 합니다. 주님을 사랑하는 목자는 주님께서 우리에게 실질적이고 구체적인 주님이셨음을 알고 우리 역시 그들에게 실질적이고 구체적인 목자여야 함을 깨달은 사람입니다.

교사가 목자의 사명을 품는 것은 베드로처럼 신실하게 소임을 다하는 청지기 목자로 서는 것입니다. 그래서 맡겨진 양들의 영적인 삶의 실체에 다가가 그 삶을 품고 실질적인 필요를 채워주는 사역을 다해야 합니다.

사명(使命): 양을 지키는 목자

예수님께서 베드로에게 목자로서 사명을 위임하신 일에는 매우 특별한 언급이 하나 포함되어 있습니다. 예수님께서는 베드로에게 이렇게 말씀하셨습니다. "내가 진실로 진실로 네게 이르노니 네가 젊어서는 스스로 띠 띠고 원하는 곳으로 다녔거니와 늙어서는 네 팔을 벌리리니 남이 네게 띠 띠우고 원하지 아니하는 곳으로 데려가리라"(요 21:19). 신비하게도 예수님께서는 베드로가 어떻게 생의 마지막 순간을 직면하게 될 것인지에 대해 말씀하십니다. 로마사에 기록된 것처럼 베드로는 오늘날 로마의 베드로 성당 자리에서 십자가에 거꾸로 매달려 순교했습니다. 예수님께서는 이 일에 대해 미리 말씀하신 것입니다.

사도행전의 위경(Apocrypha) 기록에 의하면 베드로는 로마에 대화재가 발생한 것이 기독교인들 때문이라고 누명을 씌운 네로 황제 탓에 지도자로서 체포되었다고 합니다. 그는 법정에서 사형을 언도받았고 스스로 예수님과 다른 방식으로 죽기를 요구하는 바람에 십자가에 거꾸로 매달려 순교했습니다. 폴란드의 소설가 헨리크 시엔키에비치(Henryk Sienkiewicz)가 쓴 소설 '쿼바디스'는 이 대목을 매우 흥미롭게 묘사합니다. 베드로는 원래 박해가 시작되는 시점에 로마를 탈출했습니다. 그런데 그렇게 황망하게 로마를 떠나는 길에서 그는 예수님을 만났습니다. 그가 예수님에게 '주님, 어디로 가십니까?'(Quo Vadis Domine?)라고 묻자 예수님께서는 '네가 양들을 버리고 가니 내가 다시 한 번 십자가에 달리기 위해 로마로 간다'고 말했다고 합니다. 그러자 베드로는 예전 예수님께서 갈릴리에서 말씀하신 것을 떠올리고 다시 로마로 가서 그곳에서 교회와 양들을 지키다가 순교했다는 것입니다.

결국 베드로는 양들을 지키고 양들을 위해 순교하는 길을 선택한 위대한 목자였습니다. 예수님께서는 선한 목자가 아흔아홉 마리의 양들을 두고서 잃어버린 양 한 마리를 찾기 위해 길을 떠난다고 말씀하셨습니다(눅 15:4). 베드로는 예수님께서 말씀하신 선한 목자의 가르침을 마음에 새기고 죽기까지라도 초대교회의 양들을 위해 수고를 아끼지 않았습니다. 비록 위경의 기록이지만 베드로는 당대의 초대교회가 박해와 압박에 시달리는 것을 외면하지 않았습니다. 그는 고난당하는 교회를 위해서는 위로와 격려를, 시험에 빠져 허덕이는 교회에 대해서는 담대한 경고와 따끔한 가르침을 잊지 않았습니다. 목자는 결국 맡겨진 양들을 위해 수고하고 그 양들의 안전과 생명을 위해 자기 책임의 한계를 두지 않고 최선을 다하는 사람입니다.

이런 면에서 예수님께서 오늘 베드로에게 하신 마지막 위임의 18절 말씀은 매우 의미가 있습니다. 베드로는 인생의 전반부 젊은이로서 "스스로 띠 띠고 원하는 곳으로 다니는" 삶을 살았었습니다. 그런데 목자로서 삶을 결단하고 인생 후반부에 들어 그는 확연하게 다른 삶을 살게 되었습니다. "네 팔을 벌리리니 남이 네게 띠 띠우며 원하지 아니하는 곳으로 데려가는" 삶입니다. 스스로 띠 띠는 삶과 남에 의해 띠 띠우고 두 팔을 벌리게 되는 삶은 베드로의 죽음을 넘어서는 깊은 의미가 있습니다. 사실 이 구절은 유명한 속담과 같은 말이었습니다. 젊은 사람은 힘이 있으니 자기 하고 싶은 때에 하고 싶은 것을 하며 살지만, 늙은이는 누가 옷을 입혀주지 않으면 옷 입을 힘조차 없고 그래서 결국 누군가의 도움을 받기 위해 두 팔을 벌리게 된다는 것입니다. 그런데 요한이 인용 해석한 이 구절은 속담과는 사뭇 다른 의미가 있습니다. 그는 예수님께서 말씀하신 부분을 이렇게 정리하고 있습니다. "네가 젊어서는 네가 원하는 것을 네 마음대로 하고 살았지만, 목자로서 사명을 품고 늙게 되면 네가 원하는 삶이 아닌 남이 원하는 삶 즉, 양들이 원하는 삶을 양들을 위하여 살게 되고 결국 네게 맡겨진 양들 때문에 두 팔을 벌려 십자가에 죽기까지 하게 될 것이다." 베드로는 갈릴리 바다에서 사명을 받은 이후 자신이 원하는 대로의 삶이 아니라 양들을 위하는 삶, 양들을 위하여 죽기까지 하는 삶을 살았습니다. 요한은 바로 이것을 이야기하고 싶었던 것입니다.

목자인 교사로서 산다는 것은 사실 늙은이의 삶이라고 해야 할 것 같습니다. 예수님께서 말씀하신 것처럼 자신을 위하고 자신이 원하는 삶이 아니라 양들을 위하고 양들이 원하는 삶을 산다는 것, 그러다 양들을 위해 모든 것을 바치는 삶을 사는 것을 의미합니다. 세상의 이치가 그렇습니다. 자녀들을 위해 부모의 삶을 사는 것, 백성들을 위해 나라님이 되는 것, 학생들을 위해 교사가 되는 것, 이 모든 군사부(君師父)의 삶은 그들이 하나같이 자기를 위한 삶보다는 자식과 백성과 제자들을 위하여 산다는 것에서 하나 된 것입니다. 목자로 사는 목회자, 교사 역시 마찬가지일 것입니다. 가르치고 돌보는 삶으로서 목회자와 교회 교사는 그들을 위한 삶이 아니라 양들을 위한 삶을 사는 사명의 사람들입니다. 훌륭한 목자요 훌륭한 교사로 이름을 드높인 사람들 가운데 누구도 자신이 원하는 삶을 살았던 사람은 없습니다. 그들은 맡겨진 양들을 위해 자기를 포기한 사람들입니다. 그들은 끝끝내 양들이 원하는 대로 띠 띠우고 양들이 원하는 곳으로 이끌려, 양들이 원하는 방식으로 두 팔을 벌려야 합니다. 끝까지 양들을 위해 양들을 지키는 삶을 사는 것이야말로 목자로서 교사의 참 모습입니다.

일주일에 두 시간만 교사이면 된다고 들었던 신입교사의 입장에서 이런 식의 영적인 이야기는 매우 심각한 것일지 모릅니다. '나더러 죽으라고?' '나더러 양들을 위해 모든 것을 포기하라고?' 이런 식의 생각이 들 것입니다. 그러나 한 번 생각해 보십시오. 참으로 선한 목자로서 교사가 된다는 것은 매 순간 양들이 원하는 대로 자기 시간을 바치고 자기 물질을 바치고 자기가 가진 것을 내어놓을 줄 아는 삶입니다. 교사는 주일 아침을 자기보다 양들의 예배를 위해 헌신하는 사람입니다. 교사는 주간의 하루를 자기보다는 양들의 영성을 위해 성경공부로 헌신하는 사람입니다. 교사는 주간의 하루를 자기 쉼보다는 양들의 삶을 위해 심방으로 헌신하는 사람입니다. 이렇게 일상의 작은 순간순간을 양들을 위해 바치는 교사야말로 '팔을 벌리고 띠 띠운 채 원하지 않는 곳으로 나아갈 줄 아는' 양들의 수호자, 이 시대의 부름 받은 베드로들입니다.

Edu Point

가르치고 돌보는 삶으로서 교사는 양들을 위한 삶을 사는 사명의 사람들입니다. 참으로 선한 목자로 살아가는 삶은 매 순간 양들에게 자신의 시간과 물질과 소유를 나누고 내어놓을 줄 아는 삶입니다.

참으로 신실한 교사

1950년 9월 27일, 서울과 남한 대부분이 국군에 의해 수복된 한국 전쟁의 새로운 국면에서 문준경 전도사는 무안의 지도읍 인민군 보위부를 거쳐 목포 인민군 보위부에 붙들려 있었습니다. 그녀는 누구나 다 아는 섬 마을 기독교지도자로서 처형당할 위기에 놓여 있었습니다. 그런데 웬일입니까? 유엔군과 국군의 성공적인 인천상륙작전과 서울 수복으로 인민군들이 모두 도망치는 바람에 겨우 죽음의 위기에서 풀려날 수 있었습니다. 함께 붙들려갔던 임자도의 동역자 이판일 장로와 문준경 전도사는 목포에 내려와 있다가 역시 공산군에게 고초를 겪었던 이성봉 목사를 만났습니다. 이성봉 목사는 '신안 일대 섬들은 아직 수복이 되지 않은 터라 위험할 것'이라며 안전한 목포에 남아 있을 것을 종용했습니다. 그런데 누구보다 양들에게 신실했던 이 두 사역자는 단호했습니다. 특히 문준경 전도사는 증도에 남아 어려움을 겪고 있을 성도들을 내버려 둘 수 없다고 말하고는 그 길로 증도로 가는 배에 몸을 실었습니다.

문준경 전도사가 섬에 도착한 것은 10월 4일 늦은 밤이었습니다. 섬은 살벌했습니다. 북한 정규군은 모두 퇴각했더라도 그들에게 협력해 왔던 공산당원들이 여전히 섬을 장악하고 있었기 때문입니다. 문준경 전도사는 시댁이 있던 대초리 등선에 잠시 들러 목포 수복 소식을 전한 뒤 바로 교회가 있는 증동리로 갔습니다. 그리고 그곳에서 여러 곳을 다니며 교인들의 안전을 살피는 동시에 그들과 기도로 위로하는 시간을 가졌습니다. 문준경 전도사의 귀환 소식은 빠르게 전달되었습니다. 주로 증동리에 머물러 있던 공산당원들은 문준경 전도사 일행을 붙들었습니다. 그리고 해변가로 끌고 갔습니다. 학살을 위한 것이었습니다. 문준경 전도사는 그곳 솔등, 죽음의 자리에서도 일행이 자신과 상관없으니 풀어달라고 외쳤습니다. 그리고 문준경 전도사는 그 밤에, 굳이 섬으로 돌아오지 않아도 되었던 그 밤에 자신을 믿고 따르던 양들을 돌보다 순교했습니다.

오늘도 문준경 전도사의 신앙 후배들은 그분의 양을 사랑하는 마음, 한 영혼을 돌보는 목자의 마음을 기립니다. 수많은 성도들과 사역자들이 문준경 전도사의 순교터를 방문하여 그분의 신앙과 사역을 기리는 가운데 마음에 새기는 것은 바로 참 목자의 정신입니다. 문준경 전도사는 참 목자로서 성도들의 영혼을 구원하는 일과 나아가 성도들의 삶 돌보는 일에도 헌신적이었습니다. 문 전도사는 매일 아침이면 산정봉에 올라 섬마을 사람들의 영혼 구원을 위해 기도했습니다. 문 전도사는 험한 노둣길을 마다않고 갯벌을 건너 마을마을을 다니며 섬 마을 사람들의 애환을 살피고 돌봤습니다. 문준경 전도사는 섬마을 사람들의 삶에서 필요한 것들을 채워주기 위해서도 자신의 것 내어놓기를 주저하지 않았습니다. 문준경 전도사는 진심, 섬마을 영혼들을 사랑하되 끝까지 책임을 다하여 사랑했습니다. 문준경 전도사는 진실로 섬 마을의 영혼들을 사랑하되 죽기까지 사랑한 참 사역자였습니다. 참 목회자, 참 신앙교육자, 참 영적인 부모를 세우기 어려운 시절, 문준경 전도사는 목자 없는 양같이 거리를 헤매는 이 시대 영혼들에게 참 교사요 진솔한 목자의 모습이 어떤 것인지 일깨워 줍니다.

기독교 전체를 통틀어 하나님께서 원하시는 목자의 이미지는 단 한 곳, 예수 그리스도의 십자가에서 바르게 구현되었습니다. 그 외의 많은 지도자들은 한결같이 하나님의 가르침과 예수님의 본을 따라 목자의 길을 걸었습니다. 예수님의 목자로서의 길은 한마디로 요약될 수 있습니다. 참으로 신실하여 선한 목자의 길입니다. 시대는 바뀌었어도 양들은 여전히 베드로나 문준경과 같은 지도자를 원합니다. 이 시대에도 양들은 여전히 혼란스럽고, 양들은 여전히 갈 길을 몰라 헤매며, 양들은 여전히 바른 길에 대한 배움에 목말라 합니다. 오늘 교사로서 새로운 다짐을 하며 참 목자의 삶에 대한 결단을 하고 계시다면, 선한 목자가 되어야할 것입니다. 그 길은 알 수 없는 안개와 같은 길이 아닙니다. 그 길은 너무도 선명한 대낮의 길과 같아서 앞서가신 예수님을 볼 수도 있고 베드로와 문준경 전도사도 볼 수 있는 길입니다. 중요한 것은 결단과 다짐이며, 중요한 것은 결단하여 다짐한 대로의 삶을 신실하게 걸어가는 것입니다. 중요한 것은 그 길이 혹여 스스로를 끊임없이 희생해야 하는 길이며, 결국에 죽어야 하는 길이라 할지라도 그 길을 묵묵히 가는 것입니다. 이것이야말로 가르침의 사역으로 부름 받은 우리 모든 선한 목자들이 걸어야하는 선명한 교사의 길입니다. 오늘 예수님께서는 그 사역의 첫 걸음을 떼는 이 자리에 서서 "네가 나를 사랑하느냐?" 물으시며 "내 양을 먹이고 치라"고 요청하십니다. 참으로 신실한 교사의 길을 시작하는 여러분들에게 예수님의 사랑과 동행이 늘 함께 하시기를 기도합니다.

Think Point

참으로 신실한 교사로서 나에게 필요한 모습을 나누고 함께 기도해보세요.

BCM
교사로 서기

BCM 교사로 서기 1 – 신앙교육방법
신앙은 어떻게 형성되는가?

BCM 교사로 서기 2 – 신앙교육내용
교사는 무엇을 가르치는가?

B A S I C

신앙은 어떻게 형성되는가?

B A S I C

신앙은 배우고 훈련해야 하는 것

    신앙을 배우고 익힌다는 것은 무엇을 의미하는 것일까요? 우리는 신앙이라는 것이 타고나는 것이라고 배우지 않습니다. 적어도 개신교 복음주의가 말하는 신앙 교육은 신앙이라는 것이 DNA와 같이 선천적으로 인간에게 내재되어 있다고 말하지 않습니다. 가능성은 있을지언정 결정적인 요인은 없다는 것입니다. 적어도 성경과 복음주의 신학이 말하는 것은 이렇습니다. 아담 이래 인간은 기본적으로 타락하고 부패하여서 하나님을 신앙할 수 있는 능력조차 상실했었습니다. 결국 인간은 이 세상을 창조하시고 이 세상을 섭리하시는 세상의 중심, 하나님과 접촉하거나 하나님과 대면할 수 있는 가능성을 잃어버리고 망망대해를 떠도는 배처럼 이리저리 세속적 파도와 바람에 휩쓸리며 살게 되었습니다. 세상의 중심이신 하나님을 바라거나 하나님을 믿고 따르는 일조차 불가능하게 된 것입니다.

그런데 한 가지 희망이 생겼습니다. 그 희망은 하나님 편에서 시작되었습니다. 하나님께서는 아들 예수 그리스도를 보내셨고 그 예수님의 십자가 중보는 인간이 다시 자신의 본질, 자신의 참 중심이신 하나님을 대면할 수 있게 한 것입니다. 인간 편에서는 어찌할 수 없었던 세상의 근본 하나님과의 조우의 가능성이 열리게 된 것입니다. 예수님으로부터 신앙 즉, 하나님을 바라고 하나님을 믿는 행위가 가능하게 된 것입니다. 여기서 중요한 것은 신앙이라는 것이 인간에게 내재된 힘으로 얻게 되는 것이 아니라는 점입니다. 적어도 기독교 복음주의 신학이 말하는 바에 근거한다면, 신앙은 은혜(grace)요 선물(gift)입니다.

그런데 신앙이 은혜요 선물이라면 우리 인간은 그것을 받기만 하면 되는 것이지 인간 편에서 그것을 어찌할 일은 없는 것 아닌가 하는 질문이 생깁니다. 그렇습니다. 신앙이라는 것이 타락한 인간 편에서 가능한 것이 아니요 인간을 사랑하시는 하나님의 마음에 의한 은혜로 주어지는 것이라면, 그렇다면 인간이 신앙이라는 것을 갖기 위해 할 수 있거나 해야 할 일은 없어 보입니다. 그런데 실제는 그렇지 않습니다. 신앙이 은혜요 선물로 우리에게 주어지는 것이라 할지라도 우리는 첫째, 신앙이라는 것을 바르게 얻기 위해, 그리고 두 번째, 그렇게 얻은 신앙을 보다 보배로운 것이 되도록 함양해야 할 일이 있습니다. 특별히 배우고 익히는 일은 신앙을 얻고 신앙을 함양하는 일에서 중요한 대목입니다.

바른 신앙을 얻는 일을 위해 성경은 흥미로운 이야기들을 제공합니다. 먼저 바울은 신앙을 선물로 받되 특별히 기독교 신앙을 선물로 얻는 일의 중요성을 말합니다. 그는 빌립보 성도들에게 이렇게 말했습니다. "내가 사람에게서 받은 것도 아니요 배운 것도 아니요 오직 예수 그리스도의 계시로 말미암은 것"입니다(빌 1:12). 바울은 이어서 "나를 택정하시고 그의 은혜로 나를 부르신 이가" 있어서 예수 그리스도에 대한 신앙이 가능했다고 말합니다(15). 여기서 바울을 비롯한 우리 모두는 일반적으로 말하는 신앙이 아닌 특정한 신앙 즉, 기독교 신앙을 얻는 일의 중요성을 알아야 합니다. 오늘 우리 시대에 신앙이라고 말하면 그것은 불교의 신앙일 수도 있고, 이슬람의 신앙일 수도 있습니다. 그래서 바울은 그에게 신앙을 갖게 한 존재로 예수 그리스도를 분명하게 명시했고, 그는 이 특별하신 한 분 예수 그리스도를 다메섹으로 가는 길에서 만난 것입니다(행 9:5).

사실 오직 예수 그리스도에 의한 유일하신 하나님에 대하여 신앙을 갖는 일이 중요하다는 것은 예수님과 제자들의 초대교회에서도 나타났습니다. 부활하신 후 예수님께서는 다락방에서(행 1:3), 엠마오로 가는 길에(눅 24:25~27), 혹은 갈릴리에서(요 21장) 제자들을 가르치셨습니다. 그런데 이 여러 곳에서 예수님께서 가르치신 것은 다름 아닌 당신의 사역에 관한 것이었습니다. 예수님께서는 제자들이 받아들인 신앙, 예수 그리스도의 십자가 신앙이라는 것의 앞뒤와 전후좌우 논리를 체계적으로 가르치신 것입니다. 그래서 제자들로 하여금 다름 아닌 하나님에 대한 신앙, 예수 그리스도에 대한 신앙,

성령님에 대한 소위, '주소가 분명한 신앙'을 갖도록 하신 것입니다.

이외에도 신앙은 그것이 더욱 보배로운 것이 되도록 갈고 닦아야 합니다. 일단 기독교가 말하는 신앙을 얻었으면 그것은 어딘가에 숨겨둘 것이 아닙니다. 예수님께서 달란트의 비유에서 말씀하신 바와 같이 우리 신앙은 어딘가에 잘 감추었다가 주인이 돌아오는 날 꺼내 보이는 것이 되지 말아야 합니다. 신앙은 오히려 갈고 닦아 세상 가운데 영롱하게 빛나는 보석과 같은 것이 되도록 해야 합니다. 믿는 사람의 신앙은 어두운 밤을 밝히는 등대와 같은 것입니다. 신앙인이 그 가진 신앙을 잘 닦아 밝게 하는 것을 통해 세상은 그들에게 주어진 현실을 바르게 볼 수 있습니다. 결국 세상을 바른 길로 인도하는 일을 위해서라도 믿는 사람은 신앙의 다양하고 구체적인 것들을 적극적으로 익히고 배워 하나님께로부터 받은 신앙이라는 원석(原石)을 더욱 값진 보석이 되도록 해야 합니다. 성경 역시도 신앙을 배우고 익혀 성장하는 일을 이야기합니다. 바울은 예수 그리스도 안에서 온전한 구원에 이르게 하는 지혜가 담긴 하나님의 말씀, 그래서 "교훈과 책망과 바르게 함과 의로운" 삶을 일깨우는 하나님의 말씀을 배우고 익히는 일에 최선을 다하라고 말합니다(딤후 3:15~16). 하나님의 말씀을 따라 배우고 익히는 일은 결국 우리 신앙인을 "하나님의 사람으로 온전하게" 할 것입니다(17절). 바울은 또 디모데에게 "경건에 이르도록 네 자신을 연단하라"고 말하며 배우고 익히는 일의 중요성을 말했습니다(딤전 4:7). 그는 또 빌립보 교회 성도들에게 보낸 편지에서 자신이 가르치고 훈련시킨것을 삶 가운데 그대로 행하라고 말하며, 신앙을 배우고 익히는 일이 그리스도인의 온전한 삶을 위한 중요한 전제임을 언급했습니다(빌 4:9). 이외에도 성경은 그리스도의 장성한 분량에까지 이르는 배움과 훈련의 여정을 강조합니다(엡 4:13). 그렇게 할 때 그리스도인은 신앙 안에서 지혜로운 '장성한 사람'이 될 것입니다(고전 14:20).

결론을 말하자면, 신앙이란 것은 한 편으로 하나님께로부터 선물로 주어지는 것이기도 하지만, 다른 한 편으로 잘 닦고 훈련해야 하는 것이기도 합니다. 하나님께로부터 얻은 신앙을 방치하거나 가볍게 여기지 않는 것은 그리스도인에게 중요한 일입니다. 그리스도인은 하나님께서 예수 그리스도의 십자가 사랑으로 허락하신 신앙을 값진 것으로 여기고 그것이 더욱 고결한 것이 되도록 갈고 닦아야 합니다. 교회가 신앙 가르치는 일을 게을리할 수 없는 이유가 바로 여기에 있습니다.

Think Point

당신이 당신의 신앙을 성장하게 하기 위해 훈련해야 할 신앙의 모습은 무엇인가요?

신앙을 갖게 하는 요인들

신앙을 배우고 익힌다는 다소 복잡한 말은 신앙을 형성(form)한다는 말로 바꾸어도 좋을 것 같습니다. 신앙은 하나님께로부터 은혜와 선물로 받아 믿는 자 스스로 아름답고 장성한 모습으로 키워가는 것이라는 면에서 여러 전문가들은 '형성한다'는 말을 많이 씁니다. 그렇습니다. 하나님을 바라고 하나님을 구하며 하나님을 중심으로 살아가는 삶의 권리를 은혜로 받은 한 개인은 인생의 다양한 국면들 가운데서 신앙하는 삶을 보다 더 아름답게 그리고 의미 있게 세워가야 합니다. 신앙을 형성하는 것은 그래서 하나의 여정(旅程)과도 같은 것입니다. 하나님께서 새롭게 허락하신 인생의 여행길에서 주어지는 모든 사건들과 사람들 사이에서 자신만의 독특하고 아름다운 삶의 모습을 세워가는 것입니다. 그렇다면 우리 그리스도인들이 지나는 여정에서 우리로 하여금 하나님께서 보시기에 아름답고 합당한 신앙을 갖게 하는 요인들은 무엇이 있을까요? 엘리스 넬슨(C. Ellis Nelson), 웨스터호프 Ⅲ세(John. H. Westerhoff Ⅲ)와 같이 신앙공동체를 기반으로 한 신앙교육의 중요성을 강조했던 기독교교육학자들은 신앙을 형성하는 요인들을 다양하게 제시했습니다. 그중 다음의 신앙형성 요소들은 21세기에 신앙을 형성하고, 그 신앙을 신앙답게 형성하게 하는 결정적인 것들을 정리한 것입니다.

사회문화가 갖는 에토스

에토스(Ethos)라는 말을 처음 볼 때는 어렵다고 느끼겠지만, 우리가 흔히 윤리(ethics)라고 부르는 것이 이 말에서 왔다고 생각하면 그리 복잡할 것도 아닌 말입니다. 에토스는 말 그대로 한 시대의 문화나 문화적 공통성을 갖는 공동체가 공유하는 정신, 특별히 언어나 생각, 행동 등을 지배하는 정신입니다. 예를 들면 '기사도'라는 말은 불의에 맞서 정의롭고 약한 자들을 보호하며 하나님에게 신의를 다한다는 중세 기사 집단의 대표적인 에토스일 것입니다. 또 신사도라는 말도 있습니다. 이것은 18세기 혹은 19세기 유럽의 일정 수준 이상 교양을 쌓은 시민 계급 남성들이 당대 사회와 사람들에 대해 갖는 매우 예의 바르고 호의로우며 지성적인 태도를 일컫는 것입니다. 이런 식의 에토스는 조선시대 사대부들에게도 있었습니다. '사대부가 어찌 감히……'하고 수염을 만지던 양반 선비들을 생각해 보십시오. 그들에게는 일종의 선비 정신이라는 것이 있었습니다. 우리는 조선시대 선비들에 대해 거드름만 피우는 베짱이 같은 지배계층이라고 생각하기 쉽지만 일단 지고한 선비정신이라는 것이 자리 잡힌 사대부 선비들에게는 그들만의 고고한 기품이라는 것이 있었습니다. 이것도 말하자면 에토스라 할만한 것입니다.

그런데 신앙을 형성하는 일에서 이 사회문화적인 에토스는 무엇보다 중요한 것입니다. 만일 그 사회가 신앙, 특별히 기독교 하나님에 대하여 신앙을 갖는 일에 대해 관대하거나 혹은 열정적이라면 신앙을 갖는 일은 어렵지 않을 것입니다. 그런데 만일 그 사회가 기독교 하나님은 고사하고 절대자에 대하여 신앙을 갖는 일조차 관심이 없거나 혹은 관대하지 않다면 신앙을 갖는 일은 어려울 것입니다. 사실 이 이야기를 하는 21세기의 세상은 신앙이라는 것을 갖는 일에 대해 관대하지 않습니다. 정확하게 말하자면 기독교 신앙에 대해 관대하지 않습니다. 온갖 종류의 세속적인 생각들(secular thoughts)이 기독교 신앙을 가로막습니다. 오늘 우리가 살아가는 세상은 기독교 하나님과 기독교 신앙에 대해 매우 비판적입니다. 이런 식의 태도는 특히 진화론이 지배적인 자연과학의 현장에서 두드러집니다. 그런데 현대 사회의 어떤 분야는 또 기독교 신앙에 대해 냉소적이거나 무관심하기도 합니다. 경제나

법, 정치 등의 일반 사회과학 분야에서는 기독교 신앙이라는 것을 자신들이 손대지 말아야할 타부(taboo)처럼 여기기도 합니다. 일반 세속적 사회문화들은 어떨까요? 현대사회 대부분의 문화 활동들은 그들이 오랜 세월 동안 기독교에 의해 억압당했다고 여깁니다. 그래서 기독교 신앙에 대해 호전적이거나 적대적인 태도를 취하기도 합니다. 우리 시대 사회문화가 이렇다보니 자연스레 주일 성수를 중심으로 하는 신앙이나 기독교인들만의 독특한 문화 혹은 행동양식을 형성하는 일에 일정한 제약이 따릅니다. 법이 가로막지 않는다 해도 우리 시대의 분위기상 기독교 신앙인이 되고 기독교 신앙인으로 생각하고 행동하는 일은 쉽지 않습니다.

이렇게 당대 사회의 에토스적 분위기는 우리 그리스도인들의 신앙 형성에 영향을 끼칩니다. 특히 젊은 세대 혹은 다음 세대는 신앙을 형성하는 과정에서 사회문화적인 분위기에 심각한 영향을 받습니다. 우리 시대 많은 젊은이들 혹은 어린이나 청소년들은 주일 아침 교회로 걸음을 옮기기 전 생각할 것입니다. '이 사회가 이렇게 기독교 신앙에 대해 반감을 갖는데, 내가 신앙 생활하는 것이 의미가 있는 것일까'하고 말입니다. 혹은 어떤 젊은이들은 이렇게 생각할 것입니다. '사회문화가 제아무리 적대적이라 해도 기독교 하나님을 믿는 일은 중요한 것 같아. 사회문화적인 영향이 강력해도 흔들리지 않는 신앙인들이 있는 만큼 나도 흔들리지 말아야겠다.' 신앙을 받아들이고 신앙을 형성하는 다음세대는 한 편으로 세속 정신에 편승하여 신앙 갖는 일을 불편하게 여길 수도 있겠습니다. 그러나 다른 한 편으로 그들은 시대가 드러내는 세속 정신에 대해 분명한 입장을 갖고 그 모든 시대적 저항에도 불구하고 기독교 하나님에 대한 신앙을 갖고 신앙을 바르게 세워야겠다는 의지를 가질 것입니다.

사회문화적인 에토스(Ethos)는 그리스도인들, 특히 다음 세대들이 신앙을 형성하는 데 영향을 끼칩니다. 교사는 세상이 기독교 신앙에 대해 냉소적이고 비판적이라 할지라도 기독교 신앙을 바르게 세우고 가르칠 수 있어야 합니다.

일반 학교교육

일반 학교교육은 우리가 신앙을 갖고 신앙을 형성하는 데 적지 않은 영향을 끼칩니다. 학교라는 것이 처음 만들어진 이래 학교교육은 누군가를 믿고 신뢰한다는 것, 그리고 그 믿음을 보다 높은 차원으로 끌어 올려 절대자를 향한 것으로 세우는 것의 중요성을 가르쳐 왔습니다. 그래서 오래전부터 학교는 한 편으로 문학과 수학, 역사와 과학, 기술 등 사회와 국가가 요구하는 기본적인 과목들을 가르치는 동시에 그 모든 것들을 하나로 아우르는 거룩한 가치관으로서 신앙의 의미 교육을 놓치지 않았습니다.

그러니 크게 생각해보면 학교가 믿음이나 신뢰의 중요성을 가르치고 믿음이나 신뢰를 품고 사는 삶의 방식을 가르치는 것은 교회의 신앙교육에 큰 보탬이 되는 것이라고 할 수 있습니다. 만일 학교가 인간 혹은 하나님에 대한 믿음이라는 것이나 신뢰라는 것이 세상 사는 일에 중요한 것이 아니라고 가르치고, 세상을 사는 일에서 오히려 중요한 것은 많이 아는 것, 많이 가지는 것, 그래서 높이 올라서는 것 등이라고 말하며 그 기술적인 것들만 가르친다면 교회의 신앙교육은 매우 허망한 것처럼 보이게 될 것입니다.

그런데 학교교육에서 다루는 믿음과 신뢰라는 것에는 그 믿음의 대상이 문제가 될 수 있습니다. 일제 강점기 공교육의 문제가 이런 식이었습니다. 조선말 우리나라에는 소위 서양식 학교들이 생겨났습니다. 고종황제가 세운 몇몇 왕립학교들이 있었다 해도 이 시절 대부분 교육기관들은 기독교 선교사들이 세운 것들입니다. 기독교 학교들은 일반 과목들도 가르치지만 기독교 신앙과 정신, 삶도 가르쳤습니다. 물론 하나님에 대한 신앙을 가르쳤습니다. 그런데 일제 강점기에 이르러 상황이 바뀌었습니다. 일제는 식민지 초기 일종의 무단통치를 감행했습니다. 기독교 학교들에 대해서도 신앙을 가르치는 일을 줄이거나 없애도록 하고 '내선일치' 교육을 하거나 천왕에 대한 신앙을 가르치도록 강요했습니다. 결국 일제 강점기 내내 기독교 학교들은 일제 식민지 정부가 요구하는 황국 신민 양성의 교육 기조와 대립하느라 많은 고초를 겪었습니다. 그런데 어려움을 겪은 것은 기독교 학교뿐이 아닙니다. 일제 강점기 전반에 걸쳐 교회들 역시 다음세대에게 하나님에 대한 신앙을 가르치기 쉽지 않았습니다. 학교에서 하나님에 대한 신앙보다는 천황에 대한 신앙이 더 옳은 것이라 배우니 교회가 하나님에 대한 신앙을 가르치는 일이 쉽지 않게 된 것입니다.

문제는 학교교육과 교회 신앙교육 사이의 이런 식의 갈등이 오늘날에도 상존한다는 것입니다. 지금 우리나라의 헌법은 표면적으로 신앙과 종교에 관한 자유가 보장되어 있다고 천명합니다. 그러니 기본적으로 어느 개인이 어떤 종류의 종교와 신앙을 갖는다는 것은 큰 문제가 아닙니다. 문제는 오늘날 공교육이 학교 현장에서 어느 특정의 종교와 신앙을 강조하거나 가르쳐서는 안 된다는 입장을 갖는 것입니다. 신앙이라는 것은 지극히 개인적인 선택과 가치의 문제이니 그것을 공공의 영역에서 다루지 말라는 것입니다. 그러니 학생이 밥 먹기 전에 식사기도를 할 수는 있어도 교사가 수업 전에 기도를 할 수는 없게 된 것입니다. 이런 현상은 20세기 중반 미국에서 이미 벌어졌습니다. 우리 모두가 다 아는 바와 같이 미국은 기독교 정신에 의해 세워진 나라입니다. 그런데 1960년대 케네디 정부는 그들 나라의 공교육에서 기독교를 비롯한 종교 관련된 모든 교육적 행위들을 금지했습니다. 미국의 어느 학교 교실에서도 신앙, 특별히 기독교 신앙에 대해 이야기하거나 관련 행위를 할 수 없게 된 것입니다. 종교와 신앙은 주말에 가정이나 교회에서 매우 사적으로(privately) 다루라는 것입니다. 학교에서 종교교육이나 행위가 사라진 문제는 이제 우리나라에서도 중요한 문제가 되고 있습니다. 기독교 학교에 추첨으로 배정된 무종교 학생들 혹은 타종교 학생들이 기독교 학교들이 '신앙을 강요한다'고 주장합니다. 급기야 교육청과 정부는 기독교 학교임에도 불구하고 종교 관련 프로그램이나 교육적 행위들을 하지 말아야 한다는 입장을 내놓았습니다.

문제는 우리 공교육 기관들이 성공적으로 탈종교교육을 수행했다 여기는 순간 나타났습니다. 학교교육 현장에서 종교와 신앙이 사라졌다고는 하나 그 현장에는 여전히 종교와 신앙이 상존하고 있는 것입니다. 많은 종교교육 전문가들은 현재 학교교육 현장에 종교와 매우 유사한 패턴으로 과학기술이나 경제, 문화 관련 유사 신앙이 만연하고 있다고 말합니다. 예를 들면 우리 아이들은 기독교 하나님의 천지 창조를 신화요 허구라고 배우는 반면, 과학계가 하나의 가설로 주장하는 빅뱅(big bang)과 같은 우주발생론은 불변하는 진리처럼 신념으로 받아들이도록 하는 수업을 받고 있습니다. 또 우리 아이들은 경쟁하여 승리를 쟁취하는 약육강식(弱肉强食)의 경제, 정치적 삶을 당연한 생활 방식으로 받아들이고 그것을 신념화하는 교육을 공공연하게 받고 있습니다. 말하자면 우리 아이들은 학교교육을 통해서 기독교 신앙과 삶의 방식을 대체하는 과학기술 중심, 혹은 비인간적 가치 중심의 세속 정신과 그 삶의 방식을 마치 신앙처럼 형성하고 있는 것입니다.

학교는 종교와 신념과 신앙이라는 주제들을 교양으로 가르친다는 면에서 교회의 신앙교육에 긍정적일 수 있습니다. 그러나 우리는 21세기 세계, 특별히 우리나라의 공교육이 가르치는 종교와 신앙, 신념이 무엇인지에 대해 세밀하게 들여다볼 필요가 있습니다. 그래서 오늘의 학교교육이 우리가 진지하게 수행하는 신앙교육에 긍정적인지 혹은 부정적인지에 대한 심도 있는 판단을 해보아야 합니다.

Edu Point

일반 학교교육은 종교와 신념의 주제들을 교양으로 가르치는 긍정적인 부분도 있지만 기독교 신앙과 삶의 방식을 대체하는 과학기술 중심, 혹은 비인간적 가치 중심의 세속 정신과 그 삶의 방식을 마치 신앙처럼 형성하기도 합니다.

교회와 회중들

교회가 신앙교육에 영향을 끼친다는 것은 두말하면 잔소리입니다. 교회의 어른들과 기존 성도들은 다음세대들의 신앙 내용과 방식에 지대한 영향을 끼칩니다. 한 교회의 다음세대들은 그 교회의 어른들이 신앙하는 내용 범위 안에서 그 방식 그대로 신앙생활을 한다는 것입니다. 그런데 교회와 회중이 어떻게 한 개인의 신앙 형성에 영향을 끼치는지에 대해서는 조금 더 깊이 살펴볼 필요가 있습니다. 교회는 하나님의 백성 공동체로서 하나님의 창조와 섭리, 예수님의 십자가 은혜와 사랑, 그리고 성령님의 동행하며 능력 주시는 힘을 믿으며 종말을 향하여 발걸음을 내딛는 공동체입니다. 우리가 흔히 신앙 공동체라고 부르는 교회에는 그래서 믿음과 소망과 사랑 등의 하나님나라의 가치가 충만합니다. 무엇보다 하나님의 백성 공동체로서 살아가는 신앙과 윤리, 그리고 선교 등의 제자로서 삶의 방식이 독특합니다. 교회 공동체의 삶의 방식은 하나님에 대한 경외감으로 가득합니다. 결국 교회와 회중은 그 지식과 생각하는 방식, 자세, 삶을 살아가는 방식 등을 교회의 교육을 통해 혹은 회중의 무의식적인 분위기를 통해서 다음세대에 전수합니다. 다음세대는 교회의 교육을 통해서 형식적으로(formal), 회중을 통해서는 비형식적으로(informal) 신앙을 전수받습니다. 이런 면에서 교회와 회중은 다음세대가 신앙을 갖고 형성하는 데 있어서 그 내용과 방식 면에서 매우 실제적으로 그리고 구체적으로 영향을 끼치는 주체가 됩니다.

초대교회가 바로 이런 모습이었습니다. 예수님께서 승천하신 후 초대교회는 당대의 유대교나 혹은 그리스 로마의 종교들과 달리 하나님과 아들 예수 그리스도를 믿는 공도체임을 분명하게 세우고 그 신앙에 걸맞은 가치관과 삶의 자세들을 공동체를 중심으로 세워갔으며 그것을 다음세대 혹은 새로 믿는 이들에게 전수하는 일에 최선을 다했습니다. 대표적인 것이 바로 세례와 성찬 예식에 참여하는 일에 대한 진지함이었습니다. 초대교회는 부활절을 기점으로 세례를 베푸는 일을 중요하게 여겼습니다. 그들은 예수 그리스도에 대한 신앙을 분명하게 고백한 사람들에게만 세례를 베풀었으며, 그렇게 세례 받은 이들에게만 성찬에 참여할 권한을 주어 교회 공동체의 일원이 되는 일의 중요성을 엄격하게 세웠습니다. 그들은 또한 성도로서 바른 삶의 가치와 방식에도 엄격했습니다. 성경에 아나니아와 삽비라 사건이 바로 대표적인 예입니다(행 5:1~6). 그들은 하나님을 믿는 사람들로서 바른 가치관과 삶의 자세를 갖지 않았고 그로 인해 공동체와 하나님께로부터 배척당했던 대표적인 인물들입니다. 아나니아와 삽비라 사건에 세상의 눈으로는 이해할 수 없는 부분이 있을지라도 교회와 기독교 신앙의 안목에서는 이해가 가능한 교회 내의 독특한 사건이었던 것입니다.

교회와 회중이 다음세대들의 바른 신앙 형성을 위해 고려해야할 것들이 있습니다. 먼저 교회와 회중은 세상의 것과 분명히 구별되는 명료한 신앙 가치관을 전수한다는 것을 바르게 알아야 합니다. 교회는 특히 기독교 정통 교회는 기독교 성경과 전통이 지켜온 여호와 하나님에 대한 신앙을 다음세대에게 가르칩니다. 그 하나님은 세상을 창조하시고 세상을 섭리하시며 죄악 가운데 있는 세상 모든 피조물과 인간을 구원하시기 위해 아들 예수 그리스도를 통해 구체적인 구원의 문을 여신 분이십니다. 더불어 그 하나님은 이 세상 가운데 하나님과 아들 예수 그리스도를 믿는 이들을 공동체로 세워 그 공동체 가운데 성령을 부으시고 하나님의 종말의 때가 이르기까지 선교적 사명을 감당하도록 하셨습니다. 이것은 불교나 유교나 이슬람이나 회교가 말하는 신과 다른 신이며 그래서 독특한 신이며 동시에 유일하다고 믿는 신이십니다.

결국 유일하신 하나님, 기독교의 하나님을 믿으며 살아가는 이들의 삶의 가치관과 자세는 세상 사람들이나 타종교의 사람들의 그것과 사뭇 다른 모습을 갖습니다. 그것은 하나님 이외의 다른 신을 인정하지 않는 확고함이며 하나님을 중심으로 영혼과 정신과 육신의 삶을 바르게 세우겠다는 분명함입니다. 하나님을 믿는 신앙은 무엇보다 하나님을 경배하는 일의 중요성과 더불어 그분을 믿고 섬기는 이로서의 삶의 규칙들을 명료하게 알고 지키는 삶을 의미합니다. 이런 독특함 가운데 우리 기독교인들은 주일을 성수하여 하나님을 예배하고 한 주간의 삶을 다름 아닌 그리스도인으로 살아갈 수 있게 됩니다.

또한 믿음이 충만한 삶을 살아가는 교회와 회중은 결국 교회의 다음세대들의 삶에 지대한 영향을 끼칩니다. 교회와 회중은 다음세대들이 갖게 될 신앙의 주요한 내용에 대해 기준이 되어 주어야 합니다. 그리고 그 신앙 내용을 갖게 되고 형성하여 성장하게 되는 일련의 과정에 대한 방식을 명료하게 그리고 확고하게 세우고 다음세대들이 그 과정에 참여하도록 격려해야 합니다. 다음세대들은 그래서 교회와 회중의 신앙기준 및 그 삶의 형태들을 기준으로 자신들이 얻게 된 신앙이 바른 것인지 살피고 더욱 깊고 풍성한 신앙이 되도록 공식적, 비공식적 교육과정에 참여할 수 있어야 합니다.

Edu Point

다음세대는 교회의 교육을 통해서 형식적으로(formal) 회중을 통해서는 비형식적으로(informal) 신앙을 전수받습니다. 그래서 교회와 회중은 다음세대들이 갖게 될 신앙의 주요한 내용에 대해 기준이 되어 주어야 합니다.

가정과 부모

가정과 부모는 다음세대가 신앙을 갖는 데 있어서 준거가 되는 또 다른 중요한 집단입니다. 기독교의 신앙을 갖고 기독교의 신앙으로 삶을 형성하는 것에는 사실 교회보다 부모의 영향이 훨씬 강력하다는 것이 전문가들의 일반적인 견해입니다. 성경 출애굽기의 지도자 모세의 경우가 그랬습니다. 모세는 어려서 애굽왕의 폭정 때문에 부모님으로부터 떨어져 나일강에 버려졌습니다. 그런데 애굽의 공주가 그 아기를 발견하고 이름을 모세라고 지은 후에 궁전으로 데려가 키웠습니다. 이 이야기로만 비추어 볼 때 모세는 애굽 사람으로 성장하는 것이 적절한 길이었을 것입니다. 그런데 모세는 애굽의 지도자 교육도 받았고 동시에 히브리인으로서의 교육도 함께 받았습니다. 누나 미리암이 공주에게 모세의 생모 요게벳을 유모로 소개한 덕입니다(출 2:1~10). 유대 전통에 의하면 요게벳은 요람에서부터 모세에게 자신들의 조상에 대한 이야기 그리고 조상들이 섬긴 하나님에 대한 이야기를 들려주었다고 합니다. 덕분에 모세는 어려서부터 노예로 고생하는 동족 히브리인들에 대한 이해와 그들이 믿는 여호와 하나님에 대한 이해가 풍성했습니다. 이것은 그가 훗날 시내산 불타는 떨기나무 가운데 하나님을 경험할 때 결정적인 역할을 했습니다.

그렇습니다. 모세에게서 볼 수 있듯, 신앙을 갖는 것은 어린아이 시절 부모의 신앙 소유 여부와 그 신앙 종류에 강력한 영향을 받습니다. 어린아이 시절 부모가 하나님에 대한 신앙을 가진 경우 장성하여 신앙을 잃지 않고 신앙 안에서 살아가게 될 확률이 매우 높습니다. 더더군다나 부모가 매우 신실하고 깊이 있으며 풍성한 신앙생활을 한 경우 자녀들이 더 깊고 지고한 신앙을 갖게 되는 경우가 많습니다. 성경은 모세 이외에도 부모에게서 바른 신앙 교육을 받은 신앙의 위인들을 많이 소개합니다. 모세에게 요게벳이 있었듯, 사무엘에게는 한나가 있었고(삼상 1:22~28), 디모데에게는 유니게가 있었습니다(딤후 1:5).

부모와 가족의 신앙은 어린아이 시절 그 신앙을 인생의 가장 중요한 기반으로 확고하게 품는 데 지대한 영향을 끼칩니다. 어린아이 시절 부모의 신앙을 보고 부모와 함께 신앙생활을 했던 경험이 있는 사람들은 쉽게 신앙이 무너지지 않습니다. 유대인들은 이 사실을 역사적 경험으로 잘 알고 있습니다. 역사의 오랜 기간 나라를 잃고 방랑했던 유대인들은 무엇보다 중요한 삶의 기반인 나라와 민족적 기반이 상실된 상태에서도 자녀들과 다음세대에게 하나님에 대한 신앙 전수하는 일을 게을리하지 않았습니다. 우리가 잘 아는 탈무드 전통은 유대인들이 어떻게 자녀들에게 일찍부터 신앙교육을 시켜왔는지를 보여주는 중요한 예입니다. 그들은 제아무리 열악한 상황이라 할지라도 자녀들에게 하나님에 대한 신앙과 유대인으로서 정체성 가르치기를 게을리하지 않았습니다. 그 결과 유대인들은 지금도 세계 곳곳에서 자신의 기반을 분명하게 인지한 채 주체적인 삶을 살아가고 있습니다. 기독교 신앙 역시 마찬가지로 어린 시절 부모와 더불어 형성한 신앙의 확고함을 말해줍니다. 결국 신앙 형성에서 아주 어린 시절 부모의 영향력은 평생 흔들리지 않는 신앙적 삶이 유지하게 할 수 있다는 측면에서 강력하다고 보아야 합니다.

또한 부모의 신앙은 부모의 신앙하는 방식을 통해 자녀들과 다음세대에게 영향을 끼칩니다. 부모가 내면적으로는 확고하고 깊이 있는 신앙을 가지고 있는데 실질적인 삶에서는 신앙을 갖지 않은 무신론자와 비슷하거나 타종교의 신앙행태를 유지하고 있다면 그것은 자녀들과 다음세대에게 고스란히 부정적인 영향을 끼치게 될 것입니다. 부모의 신앙은 그래서 그 신앙을 지키고 표현하는 방식에 대한 신중함이 필요합니다. 따라서 기독교 하나님에 대한 신앙을 가지고 있다면, 부모는 기독교적인 차원에서 신앙을 유지하고 표현하는 방식을 잘 알아야 합니다. 그리고 의도적으로라도 자녀들 앞에서 자신의 기독교적인 신앙 표현 방식과 신앙 유지방식을 보여주어야 합니다. 부모가 주일을 바르게 보내는 모습과 가정 안에서 신앙적인 태도를 유지하는 것, 일상생활이나 일터 등에서 신앙윤리와 선교적인 측면에서 적절한 삶의 자세를 모범처럼 보여주는 것은 훗날 자녀들의 신앙적인 삶의 방식에 큰 기준이 됩니다. 신앙은 대부분 이렇게 해서 부모의 신앙하는 방식을 통해서 전수됩니다.

Edu Point

가정과 부모는 다음세대가 신앙을 갖는 데 있어서 준거가 되는 또 다른 중요한 집단입니다. 부모의 신앙은 다음세대들에게 신앙을 인생의 중요한 기반으로 확고하게 품게 하고, 다음세대들이 신앙으로 살아가는 방식에 영향을 끼칩니다.

개인의 발달적, 기질적 차이

마지막으로 신앙을 형성하는 데 있어서 각 개인의 발달 단계와 성격은 역시 중요합니다. 발달단계에 따라서 그리고 성격에 따라서 사람은 다른 양상으로 사물이나 세상을 보기 때문입니다. 한 개인이 주어진 세계나 사물, 사람들에 대해 다른 반응을 보인다는 것은 매우 독특한 생각입니다. 예를 들면 어른 수준에서 윤리적으로 문제라고 여겨지는 사안에 대해 초등학교 저학년 수준의 어린이들은 전혀 그렇지 않은 반응을 보일 수 있습니다. 초등학교 4,5학년 어린이들의 경우 도덕적으로 경직된 기준을 가지고 있는 반면 성인들의 경우에는 생각보다 유연한 태도를 가지고 있을 수도 있습니다. 미취학 어린아이의 주변 세계에 대한 지적 이해는 청소년기의 그것과 사뭇 다른 양상으로 이루어집니다. 문제는 발달단계별 독특성을 살피다 보면 어떤 하나의 분명한 기준으로 전 연령층을 평가할 수는 없다는 데 있습니다. 우리가 이해해야 하는 것은 유치원에 다니는 아이들은 나름대로 세상 돌아가는 이치를 이해하는 방식이나 내용을 가지고 있다는 것입니다. 마찬가지로 청소년기는 청소년기대로 나름 세상 돌아가는 이치를 파악하는 수준과 방식이 있습니다. 그래서 발달단계이론을 말하는 각종 이론에서 성인기를 절대기준으로 여기지 않는다는 것은 흥미롭습니다.

결국 신앙의 차원에서 발달은 매우 독특한 지경을 열어줍니다. 그래서 심리학에서 흔히 말하는 '인간발달이론(human development theory)'에서는 우선 유아, 어린이, 청소년, 청년, 장년과 노년기를 구분하여 각 발달단계에 어울리는 신앙을 가르치도록 권유합니다. 이 기준에서 본다면 유아기 아이들에게 신학적인 혹은 교리적인 논리를 가르치는 것은 잘못된 것입니다. 신학적인 혹은 교리적인 가르침은 최소한 초등부 아이들 이상의 수준에서 간헐적으로 다루다가 청소년 후기 혹은 청년초기부터 논리적으로 가르치는 것이 합당합니다. 그렇다고 해서 유아기나 어린이들에게 신학적이거나 교리적인 논리를 전혀 가르치지 말라는 것은 아닙니다. 학자들은 유아기 아이들에게 신학적이거나 교리적인 논리를 가르치기는 하되 그것을 인상적이고 정서적으로 가르치는 것이 좋다고 말합니다. 분위기를 배우도록 하라는 것입니다. 초등학교 아이들에게는 논리적 전개가 아닌 습득해야할 명제로 교리나 신학적 단어들을 가르치는 것이 좋다고 합니다. 반면 청년과 장년 성 도들에게는 일정 부분 논리적이고 체계적인 가르침을 반복하다가 어느 순간 매우 정서적인 차원에서 신앙을 접근하도록 하는 것이 효과적이라고 합니 다. 그렇게 하면 그 동안 배운 논리적인 교리들이 한 순간 마음과 영혼에 깊 이 새겨진다고 합니다. 인간 발달과 신앙의 문제는 여기서 다 다루기 어려우 니 이 정도 이해하고 넘어가는 것이 좋겠습니다.

이외에도 신앙을 형성하는 데 있어서 우리는 성격이나 기질 유형들을 고려 해야 합니다. 사람은 누구나 타고난 성격과 기질이 있습니다. 물론 성격과 기질이라는 것이 선천적이기도 하고 또 후천적으로 바뀌기도 한다는 것이 일 반적인 생각들이지만, 타고난 기질과 성격은 인생 전반에 걸쳐 지속적으로 영향을 끼치고 또 각 개인 삶의 범위를 한계짓기도 합니다. 우선 사람은 각 자의 성격(character)을 가지고 태어납니다. 성격에 관해서 가장 많이 다 루는 대표적인 연구는 MBTI(Myers-Briggs Type Indicator)가 있습니 다. 기본적으로 16가지 성격 유형을 구분하는 MBTI는 그가 어떤 기본 기 질을 가지고서(외향과 내향), 어떻게 세상을 이해하고(감각과 직관), 어떤 판단 자세로 세상을 접하며(사고중심과 감정중심), 또 어떤 자세로 세상을 살아가는지(판단지향과 수용지향)를 보여줍니다. MBTI는 일련의 검사를 통해 일단의 성격 유형을 판정 할 수 있으며 원래 선천적인 것과 자신이 살아 온 삶의 상황 가운데서 변화된 후천적인 것을 나름 파악할 수 있게도 합니다. 단 성격유형이나 기질 연구는 MBTI 외에도 다양하게 이루어진 만큼 교사들 은 다른 연구들에 대해서도 개괄적으로나마 살펴볼 필요가 있습니다.

이런 식의 성격유형 구분은 결국 각 개인의 신앙생활 방식을 찾고 구현하는 데도 나름 도움을 줄 수 있습니다. 외향적인 아이들은 개인적인 신앙훈련보다는 집단과 공동체 가운데 신앙을 격려하고 훈련시키는 것이 좋을 것입니다. 직관적인 감각이 발달한 친구들에게는 귀납적인 성경공부 방식이 좋을 것이고 감각적이고 실제적인 것을 좋아하는 친구들에게는 명제가 명료한 연역적인 성경공부가 어울릴 것입니다. 논리적인 사고 중심의 생활을 지향하는 사람들과 감성적인 감정 중심의 생활을 지향하는 사람들에게는 각자 어울리는 교회 조직 속 직책이 있을 것입니다. 더 나아가 수용적인 삶을 추구하는 사람과 판단하는 삶을 추구하는 사람들에게는 각자 어울리는 선교적인 혹은 봉사적인 삶의 방식들이 있을 것입니다. 아마도 상황과 사람들에 대해 판단을 앞세우는 사람에게 팀 중심 중보기도 사역을 맡긴다면 그 사람의 팀에 결국 아무도 남지 않게 될 것입니다.

이렇듯 다음세대를 위한 신앙교육에는 각자 성격과 기질에 어울리는 교육내용과 방식, 프로그램이 있을 것입니다. 그러나 신앙을 가르치고 배우는 데 있어서는 일정 부분 자신의 한계를 넘어서는 것도 필요합니다. 따라서 기질이나 성격과 발달단계는 신앙교육에서 가르치는 사람이 고려해야할 요소이지 절대적인 기준은 될 수 없습니다. 예수를 따르고 믿으며 십자가의 길을 걷는다는 것은 자신의 타고난 자연스러운(natural) 것들을 초자연적인(supernatural) 하나님의 비전과 역사 앞에 내려놓고 영적으로 도약하는 법을 배우는 것입니다.

신앙을 형성하는 교육 1단계: 기독교의 가치 및 전통과 만나기

신앙교육을 이제 막 시작하는 교사들은 위의 다섯 가지 신앙 형성 요소들을 고려하여 한 개인이 어떻게 교회 공동체 교육 가운데서 신앙을 세워가는지에 대한 실제를 배워야 합니다. 한 개인이 바른 가르침 아래 신앙을 형성하기 위해 우선 필요한 것은 기독교 신앙의 주요 개념들, 지식들, 경험들, 그리고 전통들에 대해 소개받는 것입니다. 신앙이나 믿음이라는 인간이 가지는 선천적인 요소들이 있다 해도 그것이 누구를 향한 것이며 어떻게 하는 것이 신앙을 바르게 갖는 방법인지에 대해 소개받거나 배우지 않으면 바른 신앙을 형성할 수 없습니다.

실제로 오늘을 살아가는 많은 사람들이 자신은 믿음(belief)이 있다고 말하거나 자신은 신앙(faith)이 있다고 말합니다. 그러나 그들이 가진 믿음이나 신앙은 대부분 실체와 기반이 불분명한 것들입니다. 그들이 말하는 믿음과 신앙은 때로 믿음의 대상이 불분명하거나 자신이 믿는다고 하는 것에 대해 방법적으로 명료하지도 않습니다. 그러다 보니 소위 믿음이라는 것을 말하는 사람들은 헛된 세속의 우상들을 믿음의 대상으로 삼는다든지, 잘못된 신들에 대한 맹목적 믿음에 빠져들거나 아니면 이단 사설의 믿음을 쉽게 받아들이기도 합니다. 한마디로 오늘 우리 시대 많은 사람들은 믿음에 대하여 어린아이와 같습니다. 그들은 믿음이나 신앙이 필요하다는 것은 알지만, 누구를 향하여 어떻게 믿음과 신앙을 가질 것인지에 대해서는 잘 알지 못합니다. 그래서 중요한 것은 바른 믿음과 신앙을 소개받는 것입니다. 신앙교육에서도 아직 백지장 같은 우리 다음세대에게 우리가 전통적으로 전수해온 신앙의 실체와 본질을 바르게 소개하고 안내하는 일을 우선하여 게을리하지 말아야 합니다.

신앙과 믿음을 소개하는 일의 중요성은 성경에도 나타납니다. 사도행전에 보면 에티오피아의 내시 간다게가 예루살렘에 다녀가면서 얻은 성경의 말씀 이사야서를 읽고 또 읽는 가운데 그 뜻을 알지 못했다는 부분이 등장합니다 (행 4:27). 이때 집사 빌립은 곤혹스러워 하는 간다게에게 다가가 그가 다 깨우치지 못한 성경의 진실, 예수 그리스도를 소개하고 가르쳤습니다. 예수님께서도 제자들에게 성경의 말씀들을 소개하는 시간을 가지셨습니다. 3년의 공생애 기간 중에도 예수님께서는 하나님나라와 그 나라 백성으로 사는 신앙어린 삶의 가치에 대해 가르치셨습니다. 그러나 무엇보다 예수님께서 중요하게 여기신 제자교육은 부활 이후였습니다. 부활하신 후 예수님께서는 제자들에게 나타나셔서 당대의 성경 구약을 기반으로 예수님께서 하신 일들을 가르치셨습니다(행 1:3). 복음과 신앙, 참 믿음의 길을 소개한 사례의 대표는 아무래도 사도 바울일 것입니다. 바울은 아레오바고에서 자기들도 다 알지 못하는 신들을 섬기는 아테네 사람들을 비판하면서 하나님과 예수 그리스도에 대한 신앙을 소개합니다. 그는 아테네의 사람들이 신들에 대해 많은 지식을 가지고 있고 그래서 세상 어느 곳보다 종교심이 풍성하지만 참 하나님에 대해서는 알지 못하고 있다고 말합니다(행 17:22~23). 그리고 그들에게 하나님과 예수 그리스도께서 하신 일들을 소개합니다(24~31절).

우리는 우리가 가진 신앙의 실체와 본질과 그 능력에 대해 충실하게 소개해야 합니다. 단 신앙과 신앙하는 방법을 소개할 때 우리는 우리에게서 배우는 아이들이 어떤 사회문화적 영향 가운데 있는지, 그리고 그 아이들의 발달 단계와 일반적 성격 및 기질들은 어떠한지에 대해 충분히 살필 줄 알아야 합니다. 그래서 그들이 사회문화적으로 이해 가능한 범위 내에서 그리고 그들이 납득할만한 인간 발달 단계에 대한 고려하에서 신앙을 소개하고 가르쳐야 합니다. 그렇게 신중하게 신앙을 소개할 때 우리 다음세대들은 지난 역사와 시간 가운데 하나님께서 어떻게 세상을 섭리하셨으며, 어떻게 하나님의 사람들을 세우셔서 믿음 가운데, 세상 가운데 일하도록 하셨는지를 배우게 될 것입니다.

여기서 중요한 것은 신앙 선배들의 모범적인 삶입니다. 신앙을 소개하는 일은 단순히 신앙의 지적인 부분들에 대해서만 이야기하는 것이 아닙니다. 신앙을 소개하는 일은 생각보다 전인적(全人的)입니다. 신앙은 지적(知的)으로만 이루어지지 않고 정서적(情緖的)이거나 행동적(行動的)인 인간의 삶 전 차원에서 발생하는 것이기 때문입니다. 지적인 것도 마찬가지지만 정서적이거나 행동적인 차원들은 책상 위에서보다는 삶의 다양한 영역에서 본을 보이고 본을 따르는 가운데 전수됩니다. 본(model)을 통해 무엇인가 전수하는 일에는 신앙이 최고입니다. 그래서 신앙을 전인적으로 전수한다는 것은 누군가의 모범을 따라 그대로 살아가는 가운데 전달되는 경우가 대부분입니다. 선배들이 하는 대로 후배들은 따라하게 되고 그러는 가운데 신앙이 전수

된다는 것입니다. 결국 모범 된 앎과 모범 된 자세, 모범 된 실천이 신앙을 소개하고, 초기에 가르치는 데에는 필수적이라는 말입니다. 교회의 교육은 이 소개의 영역을 중요하게 여겨야 합니다. 그래서 가능한 체계적으로, 객관적으로 기독교가 신앙에 관하여 유지하고 전수해야하는 모든 것을 다음세대로 하여금 경험하여 알도록 해야 합니다. 그래야 그 다음 단계를 이야기할 수 있습니다.

Edu Point

교사는 신앙의 실체와 본질과 능력에 대해 충실하게 소개해야 합니다. 신앙을 소개하는 일은 신앙에 대해 전인적(지적, 정서적, 행동적)인 삶으로 본을 보이는 것입니다.

신앙을 형성하는 교육 2단계: 주체적으로 회심하기

신앙을 소개받고 가르치는 이의 앎과 정서, 그 실천을 따라 살던 다음세대는 이제 중요한 국면에 들어서게 됩니다. 스스로 결단하여 선택하는 시간입니다. 지금까지 신앙이라는 것이 무엇이고 특별히 기독교 신앙, 하나님에 대한 신앙이 무엇인지를 배웠으며 그 신앙하는 사람들이 무엇을 알고 무엇을 느끼며 무엇을 실천하며 살아가는지를 소개받은 사람은 이제 한 가지 중요한 질문에 직면합니다. "당신도 스스로 믿어 우리의 길을 따르겠습니까?"라고 질문을 듣고 그 질문에 응답하는 것입니다.

그동안 기독교는 자기 결단이 중요하다는 것은 알면서도 이 부분을 많이 강조하지 않았습니다. 기독교 초기, 초대교회가 로마 세계 곳곳에 세워지던 시절, 자기 결단은 매우 중요한 것이었습니다. 그래서 초대교회 성도들과 지도자들은 "자기 입술로 고백하지 않는 사람들을 교회 공동체에 받아들이지 않았다"고 합니다. 기독교는 하나님과 예수 그리스도, 그리고 성령을 향한 고백의 종교이기 때문입니다. 그런데 어느 순간, 기독교가 공인되고 또 국교가 되면서 이런 식의 '자기 고백(self confession)'은 중요하지 않은 것이 되어 버리고 말았습니다. 로마의 시민이면 누구나 기독교인이라는 인식이 널리 퍼진 것입니다. 사람들은 로마 시민으로 귀화하는 과정에서 자연스레 기독교인이 되었고 로마시민으로 태어나는 순간 자연스레 기독교인이 되는 것이었습니다. 소위 '속지주의' 원칙이 적용된 것입니다. 로마 땅에서 그 나라의 시민권을 가지고 살면 그 사람은 누구나 그리스도인이었습니다.

그런데 이것은 후대의 종교개혁가(the Reformers)들에게 큰 문제였습니다. 명부상으로는 한 교구에 수십만 명의 성도들이 살고 있다고 기재되어 있음에도 주일에 교회에 출석하거나 신실한 그리스도인으로 살아가는 경우를 찾기 어려웠던 것입니다. 결국 그들은 기독교국가에 태어났기 때문에 기독교인이 아니라 '스스로 기독교인임을 고백했기 때문에 기독교인'이라는 개념이 훨씬 중요하다는 것을 깨달았습니다. 이후 개신교(Protestants) 역사에서는 이 자기고백이 중요한 요소가 되었습니다. 누군가에게 이 자기 고백은 거추장스러운 것이어서 기독교 신앙인으로 귀의하지 않는 요인이 되기도 했습니다. 그리고 누군가는 값진 자기 고백으로 인해 박해를 당하고 순교하기도 했습니다.

통칭 '회심(conversion)'이라고 불리는 이 사건은 사실 예수님께서 이미 말씀하신 것입니다. 요한복음에서 예수님은 한밤중 찾아온 니고데모에게 성령으로 다시 태어나는 일, 즉 중생의 중요성을 말씀하셨습니다(요 3:3). 이 외에도 예수님은 그 삶을 돌이켜 하나님을 향하여 그리고 하나님나라를 향하여 바른 삶을 세우는 문제를 지속적으로 말씀하셨습니다. 예수님을 만나 스스로 결단하여 새로운 삶을 살았던 가장 대표적인 예는 아마도 바울일 것입니다. 그는 예수님 믿는 자들을 죽이기 위해 다메섹(Damascus)으로 가던 중 예수님을 만나고 변화했습니다. 그리고 평생을 예수 그리스도의 사도로 살다 순교했습니다. 그는 다메섹 사건 이전과 이후, 뚜렷하게 다른 삶을 살았습니다.

신앙을 가르치는 여정에서 회심의 기회를 제공하고, 회심을 격려하여, 그리스도 예수 중심의 삶을 열어주는 일은 무엇보다 중요합니다. 이것은 주체적인 신앙인으로서 삶의 진정한 시작이며 그리스도인으로서 경험하게 되는 최고의 경험 가운데 하나입니다. 교사는 가르치는 다음세대들에게 이 회심의 사건이 일어나도록 배움의 경험이 축적되어야 함을 알아야 합니다. 물론 회심이라는 것이 초월적인 하나님의 역사라는 측면에서 앞뒤의 인과관계가 전혀 설정되지 않는, 독특하고 독립적인 사건이 될 수도 있습니다. 그러나 일반적으로 전문가들과 목사님들의 생각은 이렇습니다. 한 개인이 각자 자신의 삶의 여정 가운데서 한계와 문제에 직면했을 때 교회 공동체와 사역자들이, 특별히 교사와 같은 가르치는 사역자들이 심어준 기독교 신앙에 관한 다양한 지식과 경험들은 중요한 역할을 합니다. 그것은 메마른 땅에 미리 심어둔 씨앗과 같은 역할을 합니다. 그래서 한 개인의 삶의 위기가 정점에 달하고 변화와 도약의 필요가 절정에 달했을 때, 우기가 시작될 때 피어나는 식물들처럼 그 사람의 인생 대지에 화려하게 피어납니다. 중요한 것은 교회와 사역자들 그리고 교사들이 신실하게 하나님의 말씀의 씨앗, 신앙이라는 씨앗을 그 인생에 심는 일입니다.

개인의 회심에 관하여 그 다음으로 중요한 것은 회심 자체에 대한 몰입입니다. 회심에서 정말 중요한 것은 신앙의 회심이 단회적인 사건이라는 것입니다. 회심은 인생 가운데서 꾸준하게 반복적으로 발생하는 것이 아닙니다. 회심은 인생의 매우 특별한 순간에 하나님께서 은혜로 다가오시는 순간에 발생합니다. 하나님께서 은혜로 다가오셨다는 것을 그가 스스로 느꼈을 때 발생합니다. 그 은혜 아래서 자신의 삶에 근본적인 변화가 필요하다는 것을 느끼는 순간 발생합니다. 그래서 회심은 매우 개인적인 시간에 다가옵니다. 그것은 말씀을 묵상하던 중, 골방에서 기도하던 중, 예배 가운데 말씀을 듣고 찬양하며 기도하던 중, 집회 가운데 임하시는 하나님의 강력한 은혜에 자신을 노출시키는 가운데 나타납니다.

결국 교사는 다음세대가 어린이든, 청소년이든 장년 새신자이든 인생의 어느 순간 회심을 체험하게 되는 순간, 그 순간을 주밀하게 살필 줄 알아야 합니다. 물론 그 영혼이 회심을 체험하는 순간을 미리 포착하거나 할 수는 없다 해도 어느 즈음에서 회심의 역사가 나타나리라는 기대감이나 혹은 회심의 시간 영역과 공간 영역을 향한 중보적인 안내를 시도할 수는 있습니다. 교사에게는 이 통찰이 매우 중요합니다. 그래서 그가 인생 가운데 우화(羽化)의 시간을 갖게 되리라는 기대감과 주님과 더불어 그 일을 도모하는 일에 대해 열정적이어야 합니다. 그리고 그 영혼을 하나님께서 예비하신 회심의 공간과 시간 즉, 기도와 묵상, 예배와 집회의 시간으로 밀어 넣는 중요한 역할을 성실하게 감당해야 합니다.

매우 어린 아이들에게 과연 회심이라는 것이 있을 수 있을지는 사실 의문입니다. 많은 목회 연구가들과 전문가들은 아이가 자신에 대하여 스스로 자의식이라는 것을 가진다면 어린아이들에게도 회심이라는 것이 발생할 수 있다고 보았습니다. 중요한 것은 자신이 변화해야겠다는 의지를 갖게 되고 이전과 이후가 확연하게 다른 삶의 영적 변화를 경험하는 것 자체입니다.

한 가지, 교육적으로 볼 때 회심은 변화한 이후의 삶을 다루어야 한다는 것입니다. 이런 측면에서 각 발달단계별로 혹은 기질이나 성격별로 회심한 이후의 삶이 보다 건강하고 의미 있을 수 있도록 하는 과제를 제안하는 일은 교육이 감당해야할 부분입니다. 예를 들면 유치부 어린아이들에게는 회심한 이후 주일성수와 바른 자세로 예배드리는 일 등의 행동적 변화의 중요성을 제안해야 합니다. 또한 초등부 어린이들의 경우 보다 원리적이고 규칙적이며 규범적인 삶으로의 안내가 필요합니다. 중고등부의 경우에는 성찰하는 삶, 고민하는 삶의 중요성을 가르치고 인도하는 것이 중요합니다. 이렇듯 신앙 교육에서 회심은 매우 중요한 전기(轉機)입니다. 따라서 교사들은 이 시기 어린이와 청소년들 그리고 성도들에게 바른 회심의 기회를 제공하고 나아가 회심 이후의 삶의 지침을 적절하게 제공하는 일의 중요성을 인식해야 합니다.

교사는 다음세대들에게 회심의 기회를 제공하고, 회심을 격려하여 그리스도 예수 중심의 삶을 열어주어야 합니다. 회심은 주체적인 신앙인으로서 삶의 진정한 시작이며, 그리스도인으로서 경험하게 되는 최고의 경험 가운데 하나입니다.

신앙을 형성하는 교육 3단계: 가정과 교회 공동체 가운데서 성장하기

우리는 회심을 경험한 사람들의 영혼이 매우 불안정하다는 것을 알아야 합니다. 그들의 몸과 마음과 영혼은 마치 이제 막 인큐베이터에서 나온 아이, 혹은 집중치료실에서 나온 환자와 같은 상태입니다. 그들은 다시 죄에 오염되기 쉽고 세상의 검은 색 물감에 물들기 쉽습니다. 그들은 순백의 흰색 종이와 같은 모습입니다. 결국 회심한 영혼, 그래서 그리스도인으로서 온전하게 삶을 살기로 결단한 사람들에게 필요한 것은 공동체의 보호와 인도입니다. 공동체는 그들이 이제 막 다시 태어난 그리스도인임을 인정받고 보호받으며 돌봄 받도록 안내해야 합니다. 그리고 그들이 장성할 때까지 안내해야 합니다.

새로 회심한 하나님의 성도를 공동체 가운데서 돌보며 세우는 일은 오래전부터 교회의 중요한 사역 가운데 하나였습니다. 교회는 이 일의 중요성을 누구보다 잘 알고 있었습니다. 바울이 그렇습니다. 바울은 다메섹에서의 사건 이후 인생의 큰 변화를 경험하면서 무척이나 혼란스러웠습니다. 게다가 눈도 보이지 않아 여러 날을 고통 가운데 보냈습니다. 그때 주님은 다메섹의 신실한 사람 아나니야로 하여금 직가라고 불리는 거리 유다의 집에 머물던 바울을 방문하도록 했고 그에게 세례를 베풀게 하셨습니다(행 9:17~18). 아나니아를 비롯한 다메섹의 성도들은 바울을 돌보는 일에 함께했습니다(19절). 바울은 담대해졌습니다. 그리고 즉시로 복음을 전하는 일꾼이 되었습니다(20절). 그러나 바울에게 이 모든 변화의 상황이 쉬웠던 것은 아니었습니다. 그는 정통파 유대인들에게 배척당했고 살해의 위협을 받았습니다. 그러자 다메섹의 성도들과 제자들은 그를 성 밖으로 피난시켰습니다. 예루살렘에서도 비슷한 일이 있었습니다. 예루살렘의 제자들 역시 바울과 더불어 예수님의 일들과 앞으로 해야 할 일들을 나누었습니다. 그런데 유대교에 정통한 바울이 변했다는 이야기를 듣자 예루살렘 사람들은 바울을 죽이려 했습니다. 결국 예루살렘교회 제자들은 바울을 가이사랴로 그리고 그의 고향 다소로 안전하게 보냈습니다(30절).

바울을 하나님의 일꾼으로 세운 공은 아무래도 바나바에게로 돌려야 할 것 같습니다. 바나바는 큰 회심 후 이러저러한 소란스러운 사건을 경험하여 결국 고향 다소로 내려가 있던 바울을 교회 역사 전면으로 재등장시킨 사람입니다. 그는 바울이 칩거를 끝내고 일손이 필요한 안디옥 교회로 오도록 했습니다(행 11:25). 그리고 그곳에서 바울이 진정 잘할 수 있었던 일 가운데 하나인 가르치는 사역을 담당하도록 격려했습니다(26절). 바나바와 바울이 가르치기 시작하자 안디옥 교회는 크게 부흥했습니다. 그리고 사람들 사이에서 처음으로 그리스도인이라는 긍정적인 호칭이 생겼습니다. 그렇습니다. 초대교회는 회심하고 변화한 바울을 보호할 줄 알았습니다. 그를 안전하게 지키는 동시에 그로 하여금 교회에 어울리는 사람이 되도록 돌보고 안내하고 이끌었습니다. 회심 후 바울에게 있었던 일들은 오늘 우리 교회에서도 일어나야 합니다. 그래서 우리 교회에도 바울과 같은 위대한 지도자가 일생일대의 길을 여는 역사가 일어나야 합니다.

그렇다면 교육적으로 볼 때 회심 후 교회가 한 영혼에게 집중해야 할 부분은 무엇일까요? 교회는 회심하는 일까지 발전한 영혼에 대해 진중한 교육적 관심을 기울여야 합니다. 먼저 교회는 회심한 다음세대와 성도들이 세례의 단계로 나아가도록 격려하고 이끌어야 합니다. 그래서 교회의 진정한 구성원으로서 의무와 책임과 권리 등을 누리도록 해야 합니다. 나아가 교회는 회심을 경험한 다음세대와 성도들에게 성장(growth)을 위한 교육의 과정으로 안내해야 합니다. 기독교 신앙의 가치와 의미를 보다 더 깊이 알 수 있는 공부는 신앙 안에서 삶이 성장하는 일에 굉장한 도움이 될 것입니다. 나아가 스스로 신앙하는 방법을 가르치는 일도 중요합니다. 예를 들면 묵상하는 것이나 기도하는 것, 성경을 읽는 것, 신앙인으로서 경건하고 신실하게 살아가는 방법들, 혹은 전도하고 봉사하며 살아가는 삶에 대해서도 가르쳐야 합니다. 또 교회는 회심을 경험한 다음세대와 성도들에게 교회의 전통과 그 전통을 지켜나가는 다양한 실천들을 가르쳐야 합니다. 그래서 교회가 다음세대 성도들에게 전수되고 부흥할 수 있도록 해 복음과 교회 선교의 세대 간 단절이 발생하지 않도록 해야 합니다. 마지막으로 교회는 회심한 다음세대와 성도들에게 사역의 자리에 서도록 권면해야 합니다. 그래서 그들 역시 성도와 제자들을 재생산하는 진정 성장한(grown) 주의 제자가 되도록 해야 합니다.

무엇보다 중요한 것, 교회는 회심한 다음세대와 성도들이 교회를 중심으로 삶을 바르게 세우고 영적으로 회복하여 부흥하는 방법을 익히도록 안내해야 합니다. 이 일에서 가장 중요한 것은 교회의 생활패턴(life pattern)을 자신의 삶의 패턴과 연결하는 일입니다. 즉 다음세대와 성도로 하여금 주일을 중심으로 예배하는 일과 주일의 예배를 통해 무너진 삶을 회복하고 다시 부흥하여 한 주간 세상으로 나아가는 순환적 패턴을 갖도록 하는 것입니다. 결국 교회의 주일의 예배와 다양한 영적 교제 나눔 등의 시간은 다음세대와 성도가 지난 한 주간의 삶을 정리하며 회복하고 다음 한 주간을 위해 부흥하여 일어서는 귀중한 시간이어야 합니다. 그리고 교사와 지도자는 한 영혼이 교회의 주일 예배와 교제 등을 통해 회복하여 부흥하도록 안내하는 귀중한 영적 안내자요 돌봄이며 인도자임을 잘 알고 그를 적절한 교회의 예배 및 교제 사역 가운데로 이끌어 들이기 위해 힘써야 합니다.

마지막으로 교회는 회심한 다음세대와 성도들에 대하여 일련의 생태학적으로 민감한 돌봄의 환경을 만들어 주어야 합니다. 그래서 다음세대가 신앙 안에서 바르게 성장하도록 돕고 격려하며 때로는 방어와 보호의 막이 되어 주기도 하는 그런 인적 환경을 구성해야 합니다. 이 보호와 돌봄의 환경에는 교사 혹은 그룹의 지도자 혼자만 있을 수 없습니다. 이 환경은 사회의 신실한 기독교 구성원들, 학교의 신실한 기독교 교사들, 교회의 어른들과 기성 성도들, 부모들이 모두 함께 만들어 가는 것입니다.

Edu Point

교회는 회심한 다음세대와 성도들에게 성장(Growth)을 위한 교육의 과정으로 안내하고, 교회를 중심으로 삶을 바르게 세우는 생활패턴을 세우도록 돕고, 신앙적이고 생태학적인 돌봄의 환경을 제공해줄 수 있어야 합니다.

신앙은 기독교 전통과 기독교가 역사 가운데서 지켜온 신앙을 텃밭으로 세워져야 합니다. 신앙은 또한 기독교 신앙을 기반으로 오늘의 세상을 신실하게 살겠다고 결단하는 회심자에게서 아름다운 꽃으로 피어납니다. 신앙은 마지막으로 교회와 공동체를 중심으로 격려하고 돌봄 받는 영적 교제 가운데 자라갈 때 아름다운 향기를 뿜게 됩니다. 기독교 신앙을 소개하고 회심을 경험하며 공동체 가운데서 성장하는 기회를 경험한 다음세대와 성도는 교회의 진정한 일원이 될 것이며 하나님의 자녀요, 예수 그리스도의 신실한 제자로 성숙한 삶을 살게 될 것입니다. 교회는 이 모든 성장의 과정이 교육적으로 기획되고 교육적으로 정돈되어야 함을 알아야 합니다. 특히 교사는 이 모든 일이 한 영혼의 삶 가운데 발생하고 결실로 맺어지도록 진지하고 성실한 교육적 노력을 기울여야 합니다. 교사는 한 영혼이 신앙 가운데로 들어와 변화하고 성장하는 전 과정의 신실한 참여자요 동반자입니다.

Think Point

당신이 맡고 있는 다음세대들은 신앙형성교육 3단계 중에서 몇 번째 단계를 지나고 있으며, 다음 단계로 안내하기 위해 필요한 신앙교육은 무엇입니까?

교사는 무엇을 가르치는가?

BASIC

성결교회가 가르치는 신앙

신앙을 가르친다는 일에는 여러 버전이 있습니다. 어떤 사람들은 신앙을 가르치는 일에 무슨 다른 버전이 있을 수 있느냐고 말하지만, 신앙에 버전이 없다고 하는 것이 오히려 이상한 말임을 알아야 합니다. 물론 기본적으로 우리는 우리 여호와 하나님에 대한 신앙과 그 분의 아들이신 예수 그리스도 그리고 성령의 바른 길로 인도하시는 사역에 대한 신앙의 공통분모를 가지고 있습니다. 무엇보다 신구약 66권의 권위에 대한 인정과 그 안에 기록된 계시로서 하나님의 말씀에 대한 신앙은 핵심적인 공통의 본질입니다. 그런데 이 땅에서의 신앙이 삼위 하나님과 성경을 중심으로 하는 신앙만으로 이루어지는 것은 아닙니다. 문제는 하나님에 대한 신앙과 성경 중심의 삶이 교회의 역사와 오늘날 일상의 생활에서 표현되고 실천되는 가운데 다양한 모습을 드러내게 된다는 것이지요. 그러니 이런 표현과 실천들이 아주 본질적인 것은 아니라 하더라도 그 드러나는 양상의 다양성이라는 것이 존재한다는 것에 대해서는 인정을 해야 할 것 같습니다.

이 차이의 대표적인 예는 아무래도 각 종파나 교단들일 것입니다. 예를 들면 가톨릭이나 그리스 정교회 등이 하나님에 대해 그리고 성경을 중심으로 표현하는 신앙생활이나 실천이 루터교나 영국 성공회와는 유사할 수 있다 하더라도 장로교나 감리교, 혹은 우리 같은 성결교회와는 매우 다를 수 있습니다. 적어도 우리 성결교회는 오래된 루터교회처럼 예배실 안에서 향을 피우지는 않지요. 또 우리는 영국 성공회처럼 자주 성찬식을 하지도 않지요. 한편 아주 고색창연한 장로교회는 우리처럼 시끄럽게 악기를 사용하거나 집회 스타일로 예배를 드리지 않습니다. 또 침례교회 같은 곳은 꼭 권위 있는 교단에서 안수 받으신 목사님이 설교를 하지도 않습니다. 대부분은 교회가 목회자로 인정한 지도자가 설교를 합니다.

각 교회들과 성도들은 또 정치적이거나 윤리적인 혹은 선교적인 실천에서 차이를 드러내기도 합니다. 몇몇 교회들은 정치적으로 극단적인 표현과 행동을 과감히 드러내기도 하지만 어떤 교회들은 가능한 현세의 정치적인 문제들은 잘 다루지 않기도 합니다. 어느 교회들은 사회적인 소수자들에 대해 지극한 관심을 가지고 그들을 적극적으로 포용하는 반면, 어느 교회들은 그들과 일정 부분 선을 긋는 경우도 있습니다. 무엇이 올바르다는 것을 말하려는 것이 아닙니다. 기독교 내에서도 삼위 하나님과 성서 중심의 신앙을 가지면서도 이렇게 다양한 생각과 표현과 실천들이 존재한다는 것이지요.

결국 중요한 것은 우리의 입장(stance)입니다. 그런데 입장을 갖기 위해서는 '우리'라 할만한 경계가 필요합니다. 유사하거나 동일한 신앙 입장을 가진 사람들과 그 경계선을 마련하여 서로 동일하거나 유사하여 차이를 발견하기 어려운 신앙 고백과 표현과 실천을 나눌 수 있어야 한다는 것입니다. 물론 이것은 우리가 옳고 상대방이 그르다는 것을 증명하기 위한 구분선은 되지 말아야합니다. 이 경계는 어디까지나 시대와 공간의 차이, 그 삶의 차이들에서 발생하는 차이라고 보는 것이 합당할 것입니다.

사실 현대 교회에서 동일하거나 유사한 입장을 가진 사람들과 더불어 적절한 경계 설정 방식을 공유하는 좋은 방법은 교파 혹은 교단(denomination)을 갖는 것입니다. 특별히 개신교는 성경과 삼위 하나님에 대한 고백이라는 기독교의 오래된 전통에 근거하여 인간과 사회, 국가적 삶의 다양함만큼이나 서로 다른 집단들로 분화해왔으며, 현재도 분화하고 있습니다. 진중하게 생각해 보면 이 다양성은 요한계시록의 표현대로 "온 나라와 족속과 백성과 방언" 가운데서 다양하고 허다한 무리들이 주의 이름으로 나오는 종말 상황의 구체적인 출발지입니다(계 7:9). 중요한 것은 교파라는 것이 건전한 신앙 유지를 위한 최소한의 기반이라는 것입니다. 실제로 우리의 신학과 신앙의 건전함을 유지하고 전수하기 위한 최소한은 아마도 이 교파일 것입니다. 감리교, 성결교, 장로교, 침례교와 같은 교파들은 개신교의 신앙 일치와 다양성의 중요한 근거요, 원동력이며 제한점이고 한계입니다.

우리는 그래서 성결교회, 즉 한국성결교회(Korea Evangelical Holi-ness Church)라는 이름 아래 공동의 신앙고백을 하는 교회와 신앙공동체, 성도들 가운데 있습니다. 우리 지도자들은 우리가 고백하는 신앙의 핵심이 개신교 복음주의 웨슬리안 사중복음이라는 신학적 노선 가운데 서 있다고 합니다. 우선 우리는 개신교(Protestants)입니다. 우리는 1517년 이래 루터와 칼빈 그리고 쯔빙글리 등의 종교개혁가들이 주장한 참 신앙을 위한 다섯 가지 즉, 오직 성경(Sola Scriptura), 오직 그리스도(Sola Christus), 오직 은혜(Sola Gratia), 오직 믿음(Sola Fide), 오직 주의 영광(Soli Deo Gloria)과 만인 제사장이라는 모토를 중요한 원리로 받아들입니다. 결국 우리 개신교는 보다 더 사제 중심이고 교권 중심적인 로마 가톨릭이나 동방정교회와 다른 방식의 신앙을 추구합니다. 아무래도 더 성경 중심적이고 더 자유하며, 믿음이라는 출발선에 더욱 집중하여 늘 신앙하는 삶을 갱신해야 한다는 입장을 추구하는 것이 개신교일 것입니다.

우리는 또한 복음주의(Evagelicalism)의 노선을 걷습니다. 조금 어렵게 들리겠지만 일반적으로 복음주의라 하면 자유로운 성경 해석과 정치적 이데올로기에 기반한 해방 지향의 신학을 거부합니다. 복음주의는 자유주의와 해방적 입장들에 반하여 십자가 중심의 신학적 전개, 개인의 회심 및 성령중심 공동체 사역, 보다 보수적인 성서해석, 그리고 복음 선교로서의 사회적 실천 등에 집중하는 입장을 말합니다. 우리가 복음주의 노선을 걷고 있다는 가장 중요한 분기점은 아무래도 자유로운 역사비평적 성경 해석에 대한 경계와 비판, 그리고 십자가 복음을 정치적, 경제적 해방 및 혁명적 비전들과 일치시키는 급진적 신앙 노선들에 대한 경계입니다. 오늘날 복음주의 노선은 아마도 대부분 개신교 교파와 교단들의 입장일 것입니다.

세 번째, 우리는 웨슬리 전통(the Wesleyan traditions)에 서 있는 교회입니다. 웨슬리(John Wesley)는 18세기 영국의 목회자로서 단순히 교리를 받아들이고 이해하는 것으로서의 신앙을 넘어서 거룩한 성화(sanctification)의 단계에까지 이르러 '거룩한 삶(holy life)을 살아가는 삶의 실질적인 실천과 생활을 강조했습니다. 웨슬리 신앙 전통에서 무엇보다 중요한 것은 믿음을 가진 성도가 성령의 능력으로 성령 세례를 받아 죄의 근본을 완전히 끊어버린 채 온전히 성결하게 된다는 것입니다. 성도는 이제 거룩하여 구별된 자로서 세상 가운데서 성결한 삶을 살게 됩니다. 웨슬리 신앙 전통은 확실히 장로교의 소위 '개혁주의 신학'과 다른 신앙 양상을 보여주었습니다. 성경을 중심으로 하여 성령 하나님의 강력한 은혜를 체험하는 경험적 신앙을 강조한 것입니다. 이러한 전통은 자연스레 기도 집회 중심의 신앙 전통을 형성했습니다. 그리고 우리가 소위 아는 부흥회(the Revival meeting)의 중요한 전통으로 발전하게 되었습니다.

마지막으로 우리 성결교회는 사중복음(four fold gospel)의 신앙 전통을 강조하는 입장입니다. 사중복음은 중생과 성결을 강조한 개신교 복음주의 웨슬리안 신앙 전통에 20세기 부흥하는 복음주의 교회의 새로운 신앙 운동 즉, 신유와 재림이 연합한 것입니다. 사중복음이란 기본적으로 예수님의 사역을 정리한 것입니다. 즉 거듭나게 하시는 예수 그리스도, 거룩하게 하시는 예수 그리스도, 고치시는 예수 그리스도 그리고 다시 오실 예수 그리스도가 그것입니다. 이 네 가지 복음은 기본적으로 19세기 미국 성결운동가들의 집회와 선교 사역 가운데 만들어졌습니다. 후에 그 미국 성결운동가들이 우리

나라에 들어와 복음을 전하던 중 사중복음은 신학적으로 그리고 목회적으로 공고하게 되었습니다. 그런데 이 사중복음은 성결한 하나님의 사람들의 신앙고백인 동시에 거룩한 성결인의 삶의 전개 방식이며 동시에 교회의 사역 패턴이 되기도 합니다. 이 사중복음을 잘 이해하고 사중복음 중심으로 거듭나 성결하여 건강한 가운데 재림을 소망하는 삶을 사는 것은 성결인의 온전한 삶의 기준이 됩니다. 나아가 이 사중복음은 한 해의 목회적 패턴과도 잘 연결됩니다. 교회는 결국 한 명의 성도로 하여금 중생을 체험하게 하고 성령으로 온전한 성결인이 되게 한 후 세상 가운데서 세상을 회복하는 삶, 그리고 세상을 하나님의 나라로 인도하는 선교적 삶을 살도록 해야 합니다.

특별히 성결교회 교사들은 위의 개신교 복음주의 웨슬레안 사중복음에 대해 깊이 알아야 합니다. 교사들은 성결교회의 신앙 노선에 대한 깊은 영적 체험과 더불어 스스로 확신하고 실천하는 모범적인 삶을 구현해야 합니다. 그렇게 될 때 성결교회 그리고 우리 각자 교회의 다음 세대들은 하나님의 부르심 앞으로 나와 성숙한 신앙인이 되고 건강한 교회 공동체를 이루며 나아가 하나님나라를 위해 세상 가운데 보냄 받아 신실한 선교적 삶을 이루게 될 것입니다.

이제 우리 교사들은 다음의 네 가지 영역에서 성결교회만의 독특한 신앙을 가르쳐야 합니다. 첫째는 성경과 성경에 대한 바른 이해의 방법들이고, 둘째는 성결교회의 교리와 신학이고, 셋째는 성결교회만의 독특한 역사와 전통을 가르쳐야 합니다. 마지막으로 성결교회 교사들은 성결인으로서 이 시대와 세상에 대해 어떤 관점과 삶의 자세를 가져야 하는지에 대해서도 명료한 생각을 세워 가르쳐야 합니다.

Think Point

당신은 성결교사로서 성결교회의 전통과 신앙에 대해 정체성과 자부심을 가지고 있습니까?

성경: 하나님의 진리 위에 서기

안타깝게도 많은 교회가 성경 가르치는 일을 포기하듯 하고 있다는 소식이 들립니다. 그러나 교회는 최선을 다하여 다음세대에게 성경의 말씀과 더불어 성경을 중심으로 사는 방식을 가르쳐야 합니다. 성경은 유일하신 하나님의 말씀입니다. 하나님께서는 성경을 통해 당신의 세상에 대한 뜻과 세상에 대하여 행하신 일들, 그리고 무엇보다 당신의 귀한 성품과 모습들을 드러내셨습니다. 성경은 그래서 하나님의 계시(revelation)입니다. 우리는 성경을 통해서 하나님께서 어떤 분이시며 하나님께서 세상에 대하여 어떤 뜻을 품고 계신지를 배울 수 있습니다. 더 나아가 하나님을 경험할 수 있기도 합니다.

우리 성결교회가 전통으로 삼고 있는 개신교 복음주의는 기본적으로 성경 말씀을 중요하게 여깁니다. 개신교 복음주의는 성경이 하나님의 영감으로 기록된 책이라고 여기고 성경을 읽는 것에는 여전히 하나님의 영감이 중요하다고 보고 있습니다. 성경을 그저 그런 다른 경전들과 동일하게 여기거나 고대 지식의 보화쯤으로 여겨서는 성경이 말하는 바를 제대로 알 수 없음을 말하는 것입니다. 결국 성경은 성경이 말하는 바대로의 영적 논리로 보아야 합니다. 루터는 성경 그 자체가 가장 분명하고 가장 좋고 가장 명백한 주석가라고 하면서 성경을 읽는다는 것은 하나님의 영이 복음 안에서 말씀하셔서 믿음을 불러일으키도록 역사하시기 위한 것이라고 말했습니다. 결국 성경은 한마디로 영혼 구원을 위한 책이며 영혼 구원은 인간사와 인간 개개인의 삶에서 가장 중요한 핵심입니다.

성경이 예수 그리스도를 통하여 하나님께서 세상에 이루신 위대한 구원사를 다루고 있음은 성경을 읽고 성경을 가르치는 일에서 중요한 기준이 됩니다. 우리 성결교회 기원에서 중요한 역할을 하신 마틴 냅(Martin Wells Knapp) 목사님은 그래서 성결한 성도가 진지하게 성경을 읽고 묵상하는 가운데 하나님의 구원계획과 구원을 이루신 일들 그리고 그 구원을 완성하시는 일들에 대해 명료하게 이해하는 일의 중요성을 수차례 강조하기도 했습니다. 결국 신앙을 가르치는 교사들 역시 성경의 권위와 성경이 말하는 복음적 원리에 충실해야 합니다. 그래서 성경의 핵심을 다음세대에 바르게 전수하는 일에 충실하고 신실해야 합니다.

교사들은 이제 성경이 말하는 핵심 내용들에 대해 잘 알고 있어야 합니다. 우선 성경은 하나님께서 이 세상을 창조하시고 세상을 섭리하시며 세상에 종말을 가져오시리라는 것을 이야기합니다. 하나님께서는 이 세상을 당신의 뜻과 당신의 질서(cosmos) 아래 창조하셨습니다(창 1:1~2). 하나님께서는 이 세상 모든 피조물들을 친히 말씀으로 만드시고서 흡족해 하셨습니다 (4,10,12,18,21,25,31). 그리고 인간을 포함한 모든 피조물들이 당신의 창조 질서 아래 풍요롭게 살아가기를 원하셨습니다(27~28절). 하나님께서는 이 세상 모든 만물을 다스리시는 주인이시며 이 세상을 당신의 뜻대로 섭리하시는 분이십니다(시 103:19). 또한 하나님께서는 인간을 특별하게 만드시고 인간으로 하여금 세상 모든 피조물들을 하나님의 창조 질서 아래 더욱 풍요롭게 하는 책임을 감당하도록 하셨습니다(시 8:1~9). 그런데 인간에게 불순종하는 마음이 생겼습니다. 그래서 인간은 하나님의 말씀을 어기고 하나님의 뜻이 아닌 자신의 뜻대로 살아가는 삶을 선택했습니다(창 3:1~24). 성경은 그래서 인간이 살아가는 세상에 죄가 넘쳐나게 되었다고 말합니다(창 6:5~7, 롬 3:23). 인간의 죄는 피조물들의 삶을 더욱 어렵게 만들었습니다. 서로를 향한 거짓과 폭력들이 만연하게 되었습니다(창 4:16~24, 딤후 3:1~5). 결국 하나님께서는 인간의 포악함이 땅에 가득하다고 말씀하셨습니다(창 6:11~13). 그리고 세상에 대한 종말의 형벌과 더불어 하나님 보시기에 의로운 이들을 위한 구원 계획을 말씀하셨습니다 (14~22절).

성경은 또한 예수 그리스도를 중심으로 하나님의 구원을 이야기합니다. 가인 이래 세상에는 죄가 만연하게 되었습니다. 문제는 하나님의 은혜를 알고 하나님의 뜻대로 살아가려는 하나님의 백성들의 계보가 가인이 떠난 후 끝나 버리게 되었다는 것입니다. 이제 이 세상에는 하나님의 뜻을 따르려는 신실한 사람들의 계보는 끝나고(아벨의 계보) 하나님을 멀리하고 자신의 교만함으로 살려는 이들의 계보(가인의 계보)만 더욱 번성하게 되었습니다. 그러나 하나님께서는 셋(Seth)을 통해 믿음과 희망의 새 계보를 시작하셨습니다(창 4:25~26). 사실 우리는 성경이 말하는 하나님의 백성 계보들에 깊은 주의를 기울여야 합니다. 창세기 4장에서 5장에 걸쳐 등장하는 셋의 계보는 이후 성경에 자주 등장하는 '족보들'의 영적 기원입니다. 노아는 하나님 백성들의 계보를 신실함으로 이었으며(창 11:10~30), 그 계보는 이삭과 야곱을 통해 확장됩니다(창 21:1~4). 성경이 말하는 믿음의 계보는 이후 이스라엘 백성들이 모세를 통해 가나안 정착으로 이어지면서 더욱 굳건하게 됩니다. 흥미로운 것은 민수기와 느헤미야, 에스라서입니다. 민수기는 사실 읽기 어려운 책입니다. 그런데 민수기 26장은 광야에서 불순종한 출애굽 세대가 모두 죽고 하나님의 새로운 백성 세대가 일어나 약속하신 가나안에 들어가게 되고 그들에 의해 하나님 백성 계보가 꾸준히 이어지게 되었음을 알려줍니다(민 26:63~65). 물론 안타깝게도 민수기 계수 이후 이스라엘은 가나안에서 다시 범죄하고 하나님께 벌을 받게 됩니다. 그리고 바벨론과 페르시아의 포로생활을 거쳐 다시 가나안으로 돌아오면서 또 한 번 하나님의 백성들의 계보 정리를 하게 됩니다(스 2:1~70). 하나님의 백성 계보를 정리하고 숫자를 세는 최종 단계는 아무래도 요한계시록 7장일 것 같습니다. 144,000명으로 묘사된 허다한 무리들이 하나님 나라를 채우리라는 예언입니다. 중요한 것은 하나님께서는 꾸준히 당신의 구원받은 신실한 백성들을 세우시고 하나님나라를 확장하셨으며 종국에 그것을 완성하실 것임을 성경이 증거하고 있다는 것입니다.

하나님의 구원받은 신실한 백성들을 세우는 일의 핵심에는 우리 주 예수님이 계십니다. 예수님께서 세상 가운데 하나님의 백성들을 세우셨다는 것을 잘 이해하기 위해서 우리는 먼저 예수님께서 성육신하셔서 하신 일들을 주의 깊게 정리해 보아야 합니다. 예수님께서는 세상에 오셔서 세상 모든 이들을 지극히 사랑하셨습니다(요 3:16). 특히 예수님께서는 이 세상에 오셔서 하나님께서 통치하시는 그 나라를 선포하셨고 그 나라 회복을 위해 이 땅 사람들의 삶을 죄 가운데서 그리고 고통 가운데서 회복하시는 일에 최선을 다하셨습니다(막 1:14~15,39). 예수님께서 궁극적으로 이루신 일은 십자가 사건입니다. 예수님께서는 죄 가운데 있는 인간을 구원하시고자 십자가를 지시고 대속의 은혜를 베푸셨습니다(골 2:13~15). 그리고 세상 모든 사람들이 하나님나라를 소망하며 그 나라에 들어갈 수 있는 길을 여셨습니다(롬 3:23~24). 이것은 우리 성경이 말하는 중요한 핵심이며 우리가 믿어야 하는 진리이며 사실입니다. 그런데 예수님께서는 십자가 죽음으로 당신의 사역을 끝내신 것이 아니었습니다. 예수님께서는 죽은 자 가운데서 부활하셨습니다(마 27:53). 예수님의 부활은 모든 예수님을 믿는 사람들, 하나님나라를 열망하는 이들에게 중요한 근거가 됩니다. 예수님께서 부활하셨기에 인간은 죄와 사망의 권세로부터 자유롭게 수 있게 된 것입니다(고전 15:17). 예수님께서는 이제 주님의 죽으심과 부활을 믿는 사람들을 모으시고 그들에게 성령을 베푸시며 종말이 이를 때까지 당신의 십자가 도를 증거하라고 명령하십니다(마 27:28, 행 1:8). 우리의 교회는 이 예수님 사건을 중심으로 시작되었고 예수님 사건으로 종말을 향하여 나아가고 있습니다.

성경은 또한 하나님을 경외하는 제자 된 삶의 기반을 가르쳐줍니다. 앞서 언급한 것처럼 예수님께서는 십자가와 부활 사역을 통해 믿는 자들의 공동체가 세상 가운데 살아가는 결정적인 기반과 방식을 마련하셨습니다. 교회를 중심으로 하는 제자의 삶을 가르치신 것입니다. 예수님의 구원의 은혜로 부름 받은 제자들은 이제 예수님께서 다시 오시는 날까지 예수님께서 말씀하신 대로의 삶, 제자로서의 삶을 살아야 합니다. 예수님께서는 제자로서의 신실한 삶이 성령을 통해 가능하다고 말했습니다(요 14:16, 20:22). 바울 역시 성령과 동행하는 성도의 삶, 제자의 삶을 이야기했습니다. 그는 성령이 예수 그리스도의 십자가 도를 증거하도록 할 뿐 아니라(행 1:8, 8:29), 성도의 연약함을 도우시고(롬 8:26), 믿음을 굳건하게 하며(16), 다양한 은사를 베풀어 성도로서의 삶을 풍요하게 한다고 했습니다(고전 12:1~31). 아울러 바울은 성령이 하나님의 뜻대로 행하는 삶을 도우시고 그 길을 안내하신다고 했습니다(엡 2:22). 그런데 종말을 향하여 나아가는 삶에서 무엇보다 중요한 것은 성령 세례를 받는 일일 것입니다. 전반적으로 성경은 하나님의 백성이 거룩해야 한다고 하면서(레 11:45, 벧전 1:16), 하나님의 거룩한 영을 체험하고 그 영으로 충만해야 한다고 이야기합니다(행 2:1~4, 19:1~7). 하나님의 거룩한 성도는 언제나 성령으로 충만해야 합니다. 그래서 세상과 죄에 대하여 구별되어 거룩한 백성으로서 온전한 삶을 세울 힘을 성령으로부터 얻어야 합니다. 그래서 말씀을 따라 종말의 때가 이를 때까지 제자로서 증인 된 삶과 온전하여 거룩한 삶, 충만한 삶을 이어가야 합니다.

마지막으로 성경은 교회와 성도의 신앙고백과 신앙하는 삶의 지혜로운 길을 일러줍니다. 예수 그리스도의 십자가 은혜로 하나님의 부름을 받고 성령과 교회 가운데 세움 받은 제자들에게는 이제 은혜 가운데 신실한 삶이 기다립니다. 하나님의 백성, 성도, 제자의 삶은 한마디로 파송 받은 삶입니다. 그들의 마음 가운데 이미 도래한 하나님나라를 품고 예수 그리스도로 더불어 선포된 그 나라를 증거하며, 그 나라의 주인 되신 삼위 하나님의 능력으로 세상 가운데 모든 피조물들의 삶을 창세 때의 건강함으로 안내하는 것이야말로 제자로서 파송 받은 성도의 삶의 핵심일 것입니다. 그래서 성령은 늘 성령으로 충만하고(엡 5:18), 은사로 사역하며(고전 12:6~11), 성령의 열매(갈 5:22~23)를 맺는 삶을 이야기합니다. 제자는 성령으로 충만하여 주어진 은사대로 각자의 삶에서 사랑과 희락과 화평으로 하나님과 동행하는 삶의 열매를, 오래 참음과 자비와 양선으로 이웃과의 선한 열매를, 마지막으로 충성과 온유와 절제로 스스로를 향한 신실한 열매를 맺는 삶을 살아야 합니다. 보냄 받은 성도의 사명은 성령으로 충만하여 각자 사역의 땅끝으로 가서 예수 그리스도를 통해 성취된 하나님의 구원과 하나님나라의 임박함을 증거하는 것입니다(마 28:27, 행 1:8). 또한 보냄 받은 성도는 하나님나라의 평안을 전하며 죄와 고통 가운데 신음하는 이 땅 피조물들을 자유하게 하여 회복하고 부흥한 삶을 살도록 하는 것입니다(눅 4:18~19, 10:17). 교회는 결국 성경의 말씀을 따라 성령으로 제자들을 세워 세상 땅끝, 아직도 복음을 알지 못하고 세상 죄악 가운데 신음하는 영혼들에게 보내고 그들의 삶이 예수 그리스도의 십자가 보혈로 회복하고 부흥하도록 하는 사역에 집중해야 합니다. 물론 신앙을 가르치는 교사는 다른 무엇보다 이 부르고 세워 보내는 성경적인 사역을 위해 사명을 품고 헌신하는 하나님의 사역자여야 함을 명심해야 합니다.

신학과 교리: 깊어지는 삶 가르치기

우리는 이제 기독교대한성결교회가 어떻게 세상 가운데서 교회로 그리고 성도로서 동일한 교리적 신앙고백으로 하나님의 사역에 동참하고 있는지를 알아야 합니다. 일반적으로 우리가 교리라고 부르는 것은 첫째, 우리의 성경중심 신앙을 다른 종파나 교단의 신앙과 비교하는 가운데 보다 명료하게 이해하고, 둘째, 우리의 성경중심 신앙이 어떻게 세속적인 신념들이나 잘못된 종교적 신념들과 다른지를 밝히며, 마지막으로 고백하는 교리적 신앙 고백 가운데 성도로서의 삶과 선교적인 삶의 방향을 올바르게 세워나가기 위해 필요한 것입니다. 따라서 기독교대한성결교회의 교사들은 다음세대들에게 우리 신앙 고백에 어울리는 신학과 교리를 가르쳐야 합니다. 그래서 하나님께서 이 시대에 사중복음의 신앙으로 살고 그 신앙을 세상 어두운 곳에 증거하도록 세우신 성결교회의 성도로서 바른 신앙, 깊이 있는 신앙의 삶을 세울 수 있도록 안내하고 격려해야 합니다.

성결교회는 개신교 복음주의 웨슬리안 사중복음 신학에 입각하여 삼위 하나님에 대한 신앙과 복음주의적 성경 이해, 그리고 구원의 길을 향하여 나아가는 인간 이해, 성화와 영화를 향한 구원의 교리 및 성결한 하나님의 백성들의 구원받은 공동체로서 교회와 관련한 교리 등을 그 핵심으로 가르쳐야 합니다. 먼저 삼위 하나님에 대한 신앙은 아무래도 우리가 매주 고백하는 사도신경(師徒信經, the Apostles' Creed)이 가장 핵심적인 요약일 것 같습니다. 사도신경은 기본적으로 이 세상을 창조하신 하나님과 세상을 구원하기 위해 이 땅에 오신 예수님 그리고 종말의 때까지 성도와 교회를 도우시는 성령 하나님에 대한 신앙을 말합니다. 이 삼위 하나님이 가장 명료하게 계시된 것이 바로 성경이며 우리 개신교 복음주의 성도들은 이 삼위 하나님과 하나님의 계시로서 성경을 가장 중요한 우리 신앙의 기반이며 기준으로 여깁니다.

하나님께서는 전지전능하신 분으로서 이 세상을 창조하셨으며 이 세상 만물에 대한 주권적 지위를 갖고 계신 분이십니다. 그런데 그 하나님께서 우리 인간과 피조물을 사랑하셔서 인격적으로 우리에게 다가오시고 우리에게 사랑과 은혜를 베푸십니다. 특별히 우리 성결교회가 중요하게 여겨야 하는 하나님의 속성 하나는 바로 '성결(聖潔)'입니다. 하나님은 거룩하신 분이십니다. 그리고 우리 하나님의 사람들에게도 거룩하라고 말씀하십니다. 이 거룩의 교리는 결국 우리 성결교회의 무엇보다 중요한 신앙고백이며 동시에 삶의 지표가 됩니다. 사실 역사에는 하나님에 대한 잘못된 이해나 혹은 예수님에 대한 잘못된 이해, 그리고 성령에 대한 잘못된 정리로부터 많은 이단사설들이 등장합니다. 따라서 우리 교사들은 무엇보다 이 삼위 하나님에 대하여 잘못된 교리를 펼치는 이단사설들을 주의해야겠습니다.

성경에 대해서도 바른 이해가 필요합니다. 앞에서도 언급했듯 성경은 우리가 성결인으로서 바른 신앙생활을 하는 데 가장 중요한 자원입니다. 성결교회는 성경을 하나님의 말씀이며 계시로 고백합니다. 나아가 성결교회는 성경을 하나님의 감동으로 기록된 흠이 없는 거룩한 책으로 보되, 타교단이나 종파와는 특색 있게 하나님께서 기록자들이 갖고 있던 지성과 인격과 다양한 자원들을 충분히 활용하셨다는 입장을 가지고 있습니다. 이것을 우리는 '역동적 영감설'이라고 말합니다. 웨슬리 신학적 전통에 서 있는 교단다운 매우 멋진 해석입니다. 이렇게 우리 신앙에 있어서 가장 중요한 기반이 되는 성경은 성도의 삶을 흔들림 없이 지켜주는 기초일 뿐더러 종말의 때를 살아가는 신실한 삶을 위한 중요한 기준이 됩니다. 따라서 우리 성결교회 성도들은 어느 때에나 이 성경을 가까이 하고 늘 성경을 읽고 묵상하며 어려운 일이 있을 때마다 성경에 묻고 성경의 답을 얻어 지혜로운 성도의 삶을 이루어가야 합니다.

다음으로 성결교회 교사로서 알아야할 교리 주제는 바로 우리 인간에 대한 이해입니다. 하나님께서는 하나님의 형상(image of God)을 따라 인간을 창조하셨습니다. 그런데 성경의 기록대로 인간은 스스로의 선택으로 하나님께 불순종하여 범죄하고 타락하고 말았습니다. 그래서 하나님과의 관계를 저버림으로 하나님의 형상으로서 아름다운 모습을 잃어버리게 되었습니다. 이로써 인간은 스스로의 힘으로 온전히 하나님께, 혹은 그 온전했던 원래의 모습을 회복할 수 없게 되었습니다. 그런데 하나님께서 인간을 지극히 사랑하셔서 하나님께 나아갈 수 있는 길, 즉 구원의 길을 열어 주셨습니다. 하나님 편에서 열어주신 기회 덕에 이제 인간은 구원과 온전해질 수 있는 길로 나아갈 수 있게 되었습니다. 물론 하나님께서 열어주신 온전한 구원을 향한 길은 예수 그리스도의 십자가 사역으로 가능하게 된 것입니다. 결국 예수님의 십자가 대속으로 드러난 하나님의 사랑, 그것이 바로 우리 인간이 전적으로 타락하여 가능성 없던 상황에서 온전한 구원 받은 삶으로 나아갈 수 있는 길이 된 것입니다.

우리는 이제 구원(salvation)에 대하여 이야기해야 합니다. 여기서부터는 조금은 개념적인 정의들이 필요합니다. 성결교회가 말하는 구원은 한마디로 온전한 구원을 향한 여정이라고 할 수 있겠습니다. 구원은 단회적인 사건들이 인생 가운데 그 완성을 향하여 이어지는 과정입니다. 흔히들 구원을 회개하여 구원받았다는 확신을 얻는 것 정도로만 이해하고 마는 경향이 있습니다. 그런데 우리 성결교회는 보다 더 철저한 구원의 단계들과 여정을 이야기합니다. 다시 태어나는 중생(regeneration)과 거룩해지는 두 번째 은혜, 성결(holiness)의 길입니다. 중생은 한마디로 인간의 죄에 대한 인식과 회개, 그리고 죄 사함을 받았으며 이제 죄가 없다는 판정을 받는 단계입니다. 우리는 우리의 죄 있는 상태에 대한 일종의 법적 판결의 과정을 거쳐 죄 없는 상태로 옮겨지게 됩니다. 물론 여기서 재판장은 하나님이십니다. 죄인인 인간이 스스로의 죄를 판단할 수 없습니다. 중요한 것은 예수님께서 우리가 져야할 죄의 대가를 대신 지고 죽으셨다는 것입니다. 그리고 우리가 스스로의 죄를 고백하고 우리를 위해 대신 죽으신 예수님을 대속의 구세주로 고백하면 우리는 이제 죄 없는 구원의 길로 들어설 수 있게 됩니다. 우리는 이 전반적인 과정을 회심(conversion)과 대속(redemption)의 과정이라고 말합니다. 예수님께서 우리가 져야할 죄의 값 즉, 죽음을 대신 감당하심으로 우리는 우리 각자의 죄에 대한 회개의 고백과 더불어 예수님께서 우리 죄를 대신하여 죽으셨다는 고백을 통하여 죄 없는 상태로 나아갈 수 있게 됩니다. 이회심과 대속의 과정에서 첫 단추는 바로 우리 스스로 죄를 인정하고 고백하는 가운데 예수님께서 우리를 위해 죽으셨음을 깨닫는 것입니다. 그리고 그분의 은혜에 대해 감사의 마음을 품는 것입니다. 우리는 이것을 중생(re-generation)이라고 합니다. 이 중생의 단계를 거친 이들에게 재판장이신 하나님께서는 죄 없다는 최종 판단을 내리십니다. 이것이 바로 의롭게 되는 과정 즉, 칭의(justification)입니다. 그런데 이것이 끝이 아닙니다. 하나님께서는 우리 죄를 용서하시고 우리에게 이제 죄가 없다고 하실 뿐 아니라 우리를 다시 당신의 자녀로 삼아주십니다. 이것을 우리는 양자됨(adapta-tion)이라고 말합니다. 결국 중생과 칭의 그리고 양자됨의 전 과정을 통해 우리는 온전히 거듭난 하나님의 자녀가 되는 것이며 하나님나라를 향한 최종적인 구원의 여정에 들어설 수 있게 되는 것입니다.

그러나 문제는 남아 있습니다. 구원받은 하나님의 자녀로서 새로운 삶을 시작한 우리가 여전히 죄악 가득한 사람들과 세상 한복판에서 살아간다는 것입니다. 이것은 매우 중요한 문제입니다. 장로교의 오랜 정통 교리는 선택받아 구원받은 사람이 구원의 길로부터 벗어날 수 없다는 매우 원칙적인 말을 하지만, 우리 성결교회는 이 부분에 대해 보다 더 면밀하고 현실적인 생각을 가지고 있습니다. 이미 회심과 대속의 과정을 잘 거쳐 하나님의 자녀가 되었지만 여전히 죄의 쓴 뿌리를 가지고 있고, 그 죄의 쓴 뿌리가 다시 발아할만한 부패한 세속의 토양이 우리 주변에 가득하기 때문에 우리는 여전히 하나님의 은혜가 필요한 존재라는 것입니다. 결국 여기서 필요한 것이 죄의 쓴 뿌리를 완전히 제거하고 죄악으로 가득한 세상에 대하여 영원한 승리를 선포할 기회를 얻는 것입니다. 우리 성결교회는 이것이 구원 이후 하나님께서 우리에게 베푸시는 두 번째 은혜 즉, 성령세례(the baptism of the Holy Spirit)로 가능하다고 봅니다. 우리 주 예수님께서 약속하신 돕는 영이신 성령께서는 하나님의 자녀들이 이 세상 가운데서 죄의 노예로 다시 전락하지 않고 예수님께서 다시 오실 때까지 승리하는 삶을 살 수 있도록 하나님의 성령을 보내주시고 그 거룩하신 능력의 영으로 하여금 우리와 일평생 동행하도록 하십니다. 이것을 우리 성결교회는 한마디로 성결이라고 말하며 이 순간적으로 내려주시는 은혜를 사모하며 초대 예루살렘교회 다락방에서처럼 집회와 기도에 힘씁니다. 결국 예수 그리스도의 십자가 능력으로 중생을 체험한 성도는 성령으로 굳건해지는 것을 경험하게 되고 종말에 영화롭게 될 때까지(until the time of holistic glorification) 거룩하여 온전히 구원받은 자로서의 삶을 살게 되는 것입니다.

중생과 성결의 은혜를 체험한 성도에게는 이제 교회를 중심으로 하는 삶이 기다립니다. 성결한 하나님의 백성들은 하나님나라가 도래하는 그 날까지 받은 성결의 은혜를 지키며 사랑이 충만한 삶을 이루며, 스스로와 형제와 세상을 향하여 건강한 삶, 하나님의 온전한 형상을 회복하도록 돕는 삶을 살게 됩니다. 나아가 성결한 하나님의 백성들은 그 나라를 소망하는 가운데 예수 그리스도를 통해 드러난 하나님의 구원의 도리가 보다 많은 이들에게 전해지기를 소망하여 전도하고 선교하는 삶을 살게 됩니다. 먼저 교회를 중심으로 하는 성도의 삶에는 사랑이 충만합니다. 사랑은 중생하고 성결을 체험한 성도의 삶에서 전형적으로 드러나는 원리이며 자세입니다. 성결을 체험한 성도에게는 '의도의 순수성'이라든지, '정결한 마음', 그리고 '할례받아 구별된 마음'이 있습니다. 성결을 체험한 성도는 죄악이 지배하는 세상의 원리대로 살아가지 않습니다. 성결을 체험한 성도는 세상의 모든 유혹과 위협을 이기고 죄 없는 삶, 그리스도인의 완전한 삶을 살아갑니다. 사실 이 완전한 삶은 오직 하나님께로부터 받은 사랑으로만 가능한 것입니다. 하나님의 은혜, 그 사랑으로 충만하고 그 사랑으로 살아가고자 하는 동력이 없다면 가능하지 않은 것입니다. 그래서 예수님께서도 제자들에게 사랑을 강조하셨고(요 13:34), 사도 바울 역시 사랑이야말로 그리스도인에게 가장 중요한 삶의 원리임을 강조했습니다(롬 13:8). 결국 사도들 이후 교회는 꾸준히 이 사랑의 원리 아래 사역해왔고 사랑의 원칙 아래 세상에 하나님나라를 선포해왔습니다.

놀라운 것은 그리스도인들이 성령으로 충만하여 사랑 아래 살게 되면 그의 삶에는 회복과 부흥의 역사가 나타난다는 것입니다. 파송 받았던 제자들은 예수님께 와서 말하기를 그들이 하나님나라를 전하고 병든 자들을 고칠 때에 "주의 이름으로 귀신들도 우리에게 항복하더라"고 보고했습니다. 마찬가지로 우리 역시 목자 되신 예수님의 부르심을 받고 성령으로 세움 받아 세상에 나아갈 때에 그 파송 받은 곳곳에서는 삶이 회복되는 역사가 나타나게 될 것이며 하나님나라 전도의 결실이 맺게 될 것입니다. 먼저 하나님의 성결한 백성들은 동료 인간과 피조물들에 대하여 하나님의 치유하심과 건강한 회복을 위한 삶을 사는 사람들입니다. 예수님의 제자들 역시 그들이 파송 받은 곳곳에서 만난 사람들의 병을 고치고 그들의 삶을 회복했습니다. 그리고 그들에게 예수님의 "평안히 가라"는 말씀을 전했습니다(막 5:34). 그렇습니다. 교회와 성도들이 제자로 세워진 곳, 파송 받아 하나님 나라와 예수 그리스도의 십자가 사랑을 전하는 곳에는 병 고침과 온전하여 건강한 삶으로 회복하는 은혜가 나타나야 합니다. 우리는 흔히 교리를 다룰 때 이런 식의 사역은 부차적인 것으로 여기는 경향이 있는데, 그러지 말아야 합니다. 우리가 가르치는 교리는 결국 우리 자신을 포함하여 세상 모든 피조물들의 삶을 그리스도 안에서 회복하려 하는 것입니다.

하나님의 성결한 사람들은 곧 도래할 하나님 나라를 소망하며 세상에 복음을 전하고 복음에 입각하여 정의로운 삶을 추구하는 사람들입니다. 하나님의 종말은 어느 순간 우리를 들어 올려 당신의 예배하신 나라로 인도하는 놀라운 사건입니다. 예수님께서 말씀하신 바와 같이 이 종말은 도둑이 침입하는 것처럼 급작스레 이루어질 것입니다. 따라서 복음 가운데 거하며 성령으로 충만한 성도들은 마치 등불을 켜고 신랑을 기다리는 다섯 처녀처럼 늘 깨어 때를 기다려야 합니다(마 25:1~10).

성결교회는 신실하게 주님의 나라를 기다리는 성도의 삶에 두 가지 자세와 실천을 제안하고 있습니다. 첫째는 임박한 하나님 나라를 기다리며 아직 그 나라에 들어갈 자격을 얻지 못한 영혼들에게 복음을 전하는 것입니다. 성결한 성도는 늘 전도와 선교의 사명에 눈 떠 있어야 합니다. 우리가 살아가는 삶의 공간들은 그저 주어진 것이 아니라 우리 주님께서 그리고 우리 교회 공동체가 우리를 파송한 전도와 선교의 공간입니다. 따라서 우리는 우리 삶의 지경 끝까지 나아가 그들에게 복음을 전해야 할 것입니다. 우리 삶의 지경이 가정으로 제한되어 있다면 가정의 복음화를 위해 헌신해야 할 것이며, 학교와 친구들 사이로 주어져 있다면 그들을 그리스도에게로 이끄는 일에 충성해야 합니다. 나아가 우리가 만일 전 세계를 다니며 일할 수 있는 기회를 얻었다면 세계가 우리의 선교 대상임을 알고 만나는 이들마다 그리스도의 십자가 사랑과 임박한 하나님 나라를 선포해야 할 것입니다. 둘째, 종말을 기다리며 살아가는 성도는 이 땅의 불의한 상황과 체제들, 현실들에 대해 하나님의 공의로 단호하고, 하나님의 사랑으로 합당한 윤리적 실천을 도모해야 합니다. 그래서 이 땅과 세상을 자신들의 것인 양 여기며 불의를 저지르는 정사와 권세에 대하여 하나님의 공의를 선포하고 회개할 것을 촉구해야 하며, 그 불의한 구조와 여건 가운데서 신음하는 불쌍한 영혼들에게 하나님의 자비와 사랑을 알고 경험하도록 해야 할 것입니다. 선교와 윤리적 실천은 우리가 아는 성결 교리들의 진정한 구현입니다. 성결한 성도, 특별히 성결한 교사는 우리가 믿고 아는 것과 우리가 행하는 것 사이에 차이나 구별이 존재하지 말아야 함을 알아야 할 것입니다.

Edu Point

성결교회는 개신교 복음주의 웨슬리안 사중복음 신학에 입각하여 삼위 하나님에 대한 신앙, 복음주의적 성경 이해, 구원의 길을 향하여 나아가는 인간 이해, 성화와 영화를 향한 구원의 교리, 성결한 하나님의 백성의 구원받은 공동체로서 교회와 관련한 교리를 가르쳐야 합니다.

역사와 전통: 신앙공동체의 삶을 가르치기

세 번째, 신앙을 가르치는 교사가 알아야할 것은 바로 교회의 역사와 전통입니다. 교회와 공동체의 역사와 전통은 한마디로 하나님께서 당신의 백성 공동체를 세상 가운데 세우신 이래 그들이 살아온 삶, 어렵고 힘들었겠으나 신실하고 은혜로웠고, 엄격했으며 깊은 의미가 깃든 삶의 이야기들이며, 동시에 그 실천하는 체계가 다듬어져 공유되어온 형식에 관한 것입니다. 우리가 우리나라의 역사를 배우는 것은 단순히 옛날 살았던 사람들의 이야기를 듣는 것이 아닙니다. 우리가 나라의 역사를 배우는 것은 우리가 한 나라로서 공통으로 품고 유지해온 정신과 삶의 방식들을 어떻게 우리 조상들이 계승하며 지키고 발전시켜왔는지를 배우는 것입니다. 나아가 그렇게 만들어진 삶의 독특한 방식들 예를 들면 부모를 공경하는 것이나 자녀를 교육하는 것, 혹은 명절을 지키는 것 등의 방식들을 공유하는 것입니다. 기독교 역시 마찬가지입니다. 교회와 성도들, 특별히 교사들은 교회가 오랜 시간 역사 가운데서 계승하고 지켜온 정신과 삶의 방식들을 가르치고 배워야 합니다. 그래서 우리 역시 그 전통에 근거하여 우리의 마음과 정신을 바르게 세우고, 그에 맞는 삶을 꾸려갈 수 있도록 하며 나아가 그것을 시대에 맞게 더욱 발전시킬 수 있어야 합니다.

기독교 역사는 예수님 승천하신 이후 예루살렘 초대교회 다락방으로부터 시작되었습니다. 기원 후 약 30년경 예수님의 제자들은 매우 적대적인 상황에도 불구하고 예수님께서 약속하신 성령을 체험하고 바로 복음전도를 시작했습니다. 그리고 그들만의 독특한 교회 공동체 생활을 시작했습니다. 얼마

후 그들 가운데의 신실한 집사 스데반이 순교하는 일을 겪기도 했으나 그들은 곧 예루살렘을 넘어서 사마리아와 욥바와 가이사랴로 퍼져나갔습니다. 그리고 곧 갈릴리 위쪽 안디옥과 다메섹에까지 진출하게 되었습니다. 기존의 예수님의 제자들과 지도자들 그리고 새롭게 합류한 바울과 바나바 등은 열정적으로 예수님의 십자가 복음을 전했으며 교회는 곧 헬라와 로마 사회 전반에 걸쳐 널리 퍼져 나가게 되었습니다. 초대교회는 당대 지배 제국이었던 로마의 도시들과 도로망을 충실하게 이용하여 널리 퍼져나갔습니다. 대부분 사도들이 유대인들이었기 때문에 그들은 처음 도착한 도시의 경우 유대인의 회당과 유대인의 모임에서부터 복음 전파를 시도했습니다. 그러나 곧 유대인들이 그들을 경계하고 박해하자 헬라나 로마의 이방인들을 직접 만나 복음을 전하는 방식으로 발전하게 됩니다. 교회는 이렇게 해서 기원후 1세기경 로마제국 내 거의 모든 지역에 퍼져 나갔으며, 일부 사도들의 경우 로마의 지경을 넘어서 아프리카와 아시아, 특히 인도에까지 진출하여 복음을 전했습니다. 이 시절 교회는 매우 신실한 공동체였습니다. 그들은 기본적으로 소유한 것을 통용했고 정기적으로 모여 예배드리고 사도들을 통해 예수님의 십자가 복음을 통해 드러난 하나님의 구원의 도리를 배웠으며 이웃을 향한 구제에도 성실했습니다.

1세기가 지나가 기독교 역사는 곧 참 믿음을 위해 투쟁 역사로 발전하게 됩니다. 로마와 헬라 사람들 특히 유대인들은 곳곳에 세워진 교회를 경계했습니다. 로마 정부는 기독교 신앙을 공식적으로 부정하고 기독교 신앙을 가진 사람들이 고발될 경우 그리고 법적으로 그 신앙 소유 여부가 입증될 경우 처벌할 수 있도록 했습니다. 기독교인들이 로마에서 문제가 된 것은 무엇보다 황제에 대한 숭배 문제였습니다. 유일신 신앙을 가졌던 기독교인들은 이 문제로 군 입대를 거부했고 처형과 같은 극단적인 처벌을 감수했습니다. 어쨌든 로마 정부는 초기 기독교 내내 기독교인들을 박해했습니다. 이때 많은 신앙인들과 지도자들이 순교를 감내해야 했습니다. 그런데 교회와 기독교인들에게 정작 중요한 문제는 헬라식, 로마식 철학과 사상, 그리고 지중해 종교들의 범람 가운데서 기독교 신앙의 순수함을 지키는 일이었습니다. 당시 로마에는 그리스와 로마식의 전통적인 신들과 종교들 외에도 헬라철학과 아시아 및 아프리카의 다양한 종교적 행태들에 야합한 유사종교들이 많았습니다. 영지주의나 마니교 같은 것이 대표적인 것이었습니다. 많은 기독교인들이 이 유사종교들, 이방 종교들의 교리들과 신앙 방식에 오염되었습니다. 교회 지도자들은 결국 기독교 신앙의 핵심을 정리하고 무엇이 기독교 신앙인지, 혹은 무엇이 기독교 신앙이 아닌지를 구별하기 위해 토론을 하고 회의를 하는 가운데 저작들을 남겼습니다. 이것이 오늘날 우리가 흔히 이야기하는 교리와 신학들입니다. 교리와 신학적인 명료함을 얻기 위한 노력들은 기독교가 공식적으로 인정된 313년 이후 더욱 가열되었습니다. 하나님에 대한, 혹은 예수님에 대한 오해로부터 일어난 이단들이 이때 많이 등장한 것입니다. 결국 교회 지도자들은 순수한 신앙을 명료하게 정리하고 그것을 공동체와 후대에게 바르게 전수시켜야할 책임을 느끼게 되었습니다. 북아프리카에 있던 어거스틴(Augustine)과 같은 사람들은 치열한 논쟁과 저작활동을 통해 오늘 우리가 귀하게 여기는 순수한 신앙과 교리 전통을 정립했습니다. 또한 이 시기 교회들이 진지하게 성찰하는 가운데 만들어진 것이 신경(creed)입니다. 이때 몇 가지 중요한 신경들이 만들어지기는 했으나 교회와 성고다 신앙을 고백하는 대표 격은 사도신경(the Apostles' Creed)일 것입니다.

이후 기독교 역사는 우리가 잘 아는 바와 같이 기독교 국가들이라 불리는 중세의 나라들과 함께 이어집니다. 우리는 흔히 이 시기를 암흑기(the dark age)라고 부르는데 그것은 잘못된 것입니다. 암흑기라는 표현은 후대 문예부흥 시절 인문주의(humanism)가 발흥할 때 역시 인문주의가 유행했던 그리스 로마 시절의 정신이 되살아난 것을 염두에 두고 로마와 그리스 시대와 르네상스 시대 사이를 인문주의의 암흑기라고 여긴 것에서 왔기 때문입니다.

사실 유럽 사회에 기독교 신앙이 자리 잡은 이래 소위 말하는 '흑역사'라는 것이 없었던 것은 아닙니다. 십자군 전쟁이나 마녀사냥 등은 아마도 오랫동안 인류 역사에서 기독교의 흑역사로 기록될 것입니다. 그러나 중세로 접어들면서 그리고 문예부흥기를 넘어서 근대사회로 넘어오면서 교회와 성도들은 자신들의 신앙을 보다 더 깊이 있게 하고 풍성하게 하며 교회를 더욱 교회답게 하는 일에 성실했습니다. 로마가 멸망하고 야만인들이 유럽을 지배하기 시작했을 때 사회문화적인 퇴보를 면치 못하는 당대 세상에서 교회는 철학과 사상, 신앙과 윤리를 지키기 위해 노력했습니다. 이때 교회는 유럽과 팔레스타인, 아프리카 곳곳에 수도원들을 세웠는데, 당시 수도원들은 야만인 왕과 귀족들을 신앙 안에서 교양 있게 교육시키고, 성경을 필두로 하여 고대의 기록 문화 자원들을 지키고 계승했으며, 백성들에게 일자리를 만들어 주고 먹을 것을 제공하는 등의 구제를 도맡아 했습니다. 이 시기 교회는 무엇보다 하나님을 믿는 신앙에 근거하여 세상을 파악하고 인간 역사와 삶을 정립하는 일에도 헌신적이었습니다. 토마스 아퀴나스(Thomas Aquinas)와 같은 신실한 기독교 학자들은 우리가 흔히 아는 대학교육을 통해 이후 보다 더 합리적이고 체계적인 인간 발전을 위한 귀중한 토대를 마련했습니다.

그러나 안타깝게도 중세 이후 교회들은 지나치게 세상의 권세와 동반자 관계를 갖거나 세상 권세에 야합하는 문제, 그리고 지나치게 제도 아래에만 머물러 모든 것을 교권 아래에만 두려한 것에서 많은 문제를 드러냈습니다. 교회는 이제 세상 가운데 세워지기 위한 노력이 아닌 자기 갱신을 위한 과제를 품게 되었습니다. 십자군 전쟁 이후 수도원들과 대학, 그리고 몇몇 교회들은 이 갱신 운동의 중심이었습니다. 이 개혁적인 수도원의 수사들과 개혁적 교회의 사제들, 그리고 대학의 지성들로부터 교회를 새롭게 할 수 있는 많은 과제와 전망이 흘러나오게 됩니다. 루터(Martin Luther)와 칼빈(John Calvin), 그리고 쯔빙글리(Ulrich Zwingli)나 얀 후스(Jan Huss) 등은 대표적인 교회 개혁가들이었습니다. 우리가 잘 알다시피 이들에게서 우리 개신교가 세워졌기 때문입니다. 이 위대한 개신교 개혁가들은 교회가 국가나 제도의 권위 아래 존재하는 것이 아니라 하나님의 계시로서 성경과 신앙인의 믿음 위에 세워져야 한다고 외쳤습니다. 이렇게 해서 오랫동안 국가와 종교적 제도들 아래 있던 기독교 신앙과 교회는 오직 하나님에 대한 신앙과 그 분의 말씀으로서 성경 위에 굳건하게 세워지게 되었습니다.

이후 개신교에 의해 주도되어 온 기독교 신앙은 꾸준히 자기를 갱신하고 새롭게 했습니다. 그래서 예수 그리스도의 복음으로 부흥하는 교회와 세상을 하나님의 구원 아래 회복하는 일을 위한 교회의 위대한 헌신과 사역들이 역사 곳곳에서 일어나게 됩니다. 무엇보다 우리 성결 신앙의 출발지라 할만한 18세기 웨슬리(John Wesley)는 교회가 온전한 참 모습으로 회복하도록 하는 데 중요한 역할을 했습니다. 그는 종교개혁으로 확고하게 세워진 성경

중심, 믿음 중심 신앙에 더하여 은혜를 받기 위한 수단(means of grace)으로서 신앙생활의 방법들(methods)을 세우고 그것을 교회 공동체가 함께 격려하며 실천하는 일의 중요성을 강조했습니다. 이런 식의 신앙생활은 이후 '부흥운동들(revival movements)'에 큰 영향을 끼쳤습니다. 그래서 구원의 은혜와 성령의 은혜를 체험하기 위한 신앙생활과 실천 활동으로서 부흥회의 전통이 발생하게 됩니다. 기독교 역사에서 이 부흥회를 통해 많은 사람들이 회심하고 성결하게 되었으며, 나아가 병 고침을 얻고 또 세상을 향한 선교의 사명을 품게 되었습니다.

개신교가 시작된 이래 기독교 역사에서 새롭게 일어나기 시작한 운동이 바로 선교입니다. 기독교 선교는 특별히 웨슬리에 의해 크게 발전하게 된 부흥운동을 통해 더욱 발전하고 확장하게 됩니다. 18세기와 19세기 유럽과 미국의 교회들은 소위 부흥운동에 의해 크게 성장하게 되는데, 이 시기 많은 자원자들이 아프리카와 아시아에 선교사로 파송 받게 되었습니다. 웨슬리와 많은 부분에서 신앙과 목회사역의 교류를 했던 모라비안(Moravian)들은 그들의 근거지였던 독일 남동부의 작은 헤른훗(Herrnhut)에서 많은 선교사들을 세워 당시 신대륙이었던 아메리카로 보냈습니다. 윌리암 케리(William Carey)는 오늘날 선교 사역의 원형이라 할 만한 방법을 세운 사람으로서 인도 선교를 위해 평생을 바쳤습니다. 허드슨 테일러(James Hudson Taylor)는 선교의 토착적 방법을 세운 사람으로서 역시 오늘날까지 많은 선교사들의 귀감이 되고 있습니다. 우리가 잘 아는 리빙스턴(David Livingstone) 역시 비슷한 시기 아프리카 선교에 열정적으로 헌신했던 사람이었습니다. 주로 18세기부터 19세기 그리고 20세기 초까지 이루어진 서방 선교사들의 사역은 기독교 특별히 개신교 확장과 부흥에 크게 기여했습니다.

그리고 18세기와 19세기 개신교 선교 사역의 부흥은 1800년대 말 일어난 미국 성결운동의 카우만(Charles E. Cowman)과 길보른(Ernest A. Gilborn) 선교사에게 이어졌습니다. 그들은 아시아의 작은 나라 조선에 많은 관심을 기울였습니다. 그런데 카우만이 일본의 기독교 지도자 나카다 주지와 함께 동경에 동양선교회와 성서학원을 설립했을 때, 조선에서 두 젊은 이가 찾아왔습니다. 김상준과 정빈이었습니다. 김상준과 정빈은 이곳 성서학원에서 성결 복음에 대해 배운 뒤, 1907년에 당시 경성의 염곡(鹽谷, 현재 서울 종로2가)에 복음 전도관을 열었습니다. 그리고 사람들에게 열정적으로 중생과 성결, 신유와 재림의 사중복음을 전하기 시작했습니다. 일제 강점이 시작되던 암울한 시절 전도관의 활동은 크게 부흥했습니다. 그리고 얼마 지나지 않아 지도자들은 오직 성결의 복음을 강조하는 한국성결교회를 열게 되었습니다. 이후 성결교회는 가시밭의 백합화로 상징되는 지조 있는 신앙으로 굳건하게 성장하였습니다. 우리 성결교회는 특히 신사참배 거부의 효시로 알려진 강경성결교회 주일학교 학생들의 신사참배 거부운동을 일으켰고, 일제강점기 말에는 신사참배를 거부하는 목회자들과 교회가 많아져 교단이 폐쇄되는 아픔을 겪기도 했습니다. 또 해방 후 한국전쟁 때에도 성결교회는 곳곳에서 구별되어 거룩한 신앙을 지키며 순교한 거룩한 성도들의 행진이 이어졌습니다.

역사는 지키는 이들의 것입니다. 우리 기독교의 역사와 전통은 그것을 지키고 전수하는 일에 신실한 성도들의 것입니다. 특별히 우리 성결교회의 전통은 그 거룩하여 성결한 삶의 전통을 계승하여 발전시키는 일에 헌신하는 사람들의 것입니다. 성결교회 교사들은 역사의 주인이어야 합니다. 성결교회 교사들은 역사의 또 다른 주인들을 일으켜 세우는 사람들이어야 합니다.

역사를 바르게 아는 사람들은 이제 그 역사의 면면으로부터 이어져 온 전통을 지키고 계승하여 발전시킬 줄 알아야 합니다. 성결교회는 신앙 역사의 전통을 이어가는 교회 공동체 예전(liturgy)과 교회력(church calendar) 중심의 삶을 가르쳐야 합니다. 우리 성결교회는 세례(baptism)와 성만찬(Eucharist)을 통하여 신앙 공동체에 입문하고 그 공동체를 중심으로 살아가는 삶의 방식을 가르칩니다. 세례는 예수님의 부름을 받고 교회로 나오게 된 한 영혼에게 복음의 진수를 가르치고 예수님을 구주로 영접하게 한 후 교회 공동체 중심의 삶에 입문하도록 하는 예식으로서 세례로 안내하는 것은 교회가 세상 가운데 존재하는 이유입니다. 한 영혼은 목회자가 물로 베푸는 세례를 통해 세례 받기 전과 세례 받은 후의 삶이 구분되는 일생일대의 전환을 경험하게 됩니다. 교회가 그리고 교사들이 세례에 관하여 중요하게 생각해야 하는 것은 세례 대상자의 신앙고백입니다. 교회는 세례예식 앞으로 나온 형제와 자매가 예수 그리스도를 구주로 영접하고 교회를 중심으로 종말의 때까지 신실한 삶을 살겠다는 고백을 하도록 격려하고 그 고백에 대하여 증인과 중보자가 되어야 합니다. 또 교회는 주기적으로 예수님의 살과 피를 나누는 성만찬을 베풉니다. 교회는 세례 받은 성도들로 하여금 규칙적으로 예수님의 살과 피를 나누는 장에 참여하여 스스로의 신앙을 갱신하고 새롭게 하도록 안내해야 합니다. 이외에도 교회는 주일과 절기와 교회력을 중심으로 사는 한 해의 삶을 가르치고 안내해야 합니다. 성도는 한 주일의 중심이 주일(Sunday)임을 알아야 합니다. 따라서 성도는 주일의 예배를 중심으로 한 주일의 삶을 계획하여 주일에 받은 은혜로 제자로서의 삶을 살도록 노력해야 합니다 또, 성도는 한 해의 절기가 포함된 교회의 달력을 중심으로 보다 신실한 신앙생활을 계획하고 실천해야 합니다. 교회력이란 예수님의 생애를 중심으로 한 해의 삶을 정리하고 그에 맞는 삶을 살도록 안내하는 교회의 거룩한 제안입니다. 따라서 교회는 성도로 하여금 대림절과 성탄절로부터 주현절, 사순절, 그리고 부활절과 성령강림절로 이어지는 한 해의 절기들과 절기에 알맞은 성도의 삶을 가르쳐야 합니다.

Edu Point

성결교회는 교회 공동체 예전(liturgy)과 교회력(church calender) 중심의 삶, 세례(baptism)와 성만찬(Eucharist)을 통해 신앙 공동체를 중심으로 살아가는 삶의 방식, 주일과 절기와 교회력을 중심으로 한 해를 살아가는 삶의 패턴을 가르치고 안내해야 합니다.

시대의 이슈들: 시대를 분별하는 성결 신앙 가르치기

교회가 가르쳐야 하는 신앙 내용의 마지막은 동시대에 대한 통찰과 분별입니다. 교회는 성도들로 하여금 오늘을 어떻게 살아야 하는지 삶의 다양한 주제들을 신앙적으로 해석하는 방식을 가르쳐야 합니다. 바울은 디모데와 초대교회 성도들에게 "배우고 확신한 일에 거하라"고 권면하면서 시대를 살아가는 가운데 영적으로 바른 분별의 지혜가 필요하다고 말했습니다(딤후

3:14). 바울은 계속해서 권면하기를 "이 세대를 본받지 말고 마음을 새롭게 함으로 변화를 받아 하나님의 선하시고 기뻐하시고 온전하신 뜻이 무엇인지 분별하라"고 말합니다(롬 12:2). 종말의 시대를 살아가는 우리 성결인들에게도 중요한 것은 시대를 분별하여 그리스도인으로서 합당한 삶을 세워가는 일입니다. 특별히 21세기를 살아가는 성결인에게는 다음의 다섯 가지 분별의 지혜가 필요할 것입니다.

Edu Point

성결교회는 동시대에 대한 통찰과 분별력을 가지고 지혜로운 삶의 가치, 자족하는 삶의 가치, 공동체적인 삶의 가치, 건강한 삶의 가치, 공의로운 삶의 가치를 가르치고 그러한 삶을 세워가도록 안내해야 합니다.

첫 번째로 성결교회는 지혜로운 삶의 가치를 가르칩니다. 이 시대는 바르게 분별하지 못하여 스스로 속고 또 속이는 삶을 살고 있습니다. 불의를 불의로 보지 못하는 소경과 같은 행태들이 곳곳에서 벌어지고 있습니다. 이 시대가 이런 고통의 삶으로 빠져 드는 것은 하나님에 대한 경외감이 없기 때문입니다. 이 시대는 절대자에 대한 아무런 두려움 없이 오직 눈에 보이는 가벼운 것들을 추구하며 스스로 자멸의 길로 빠져들고 있습니다. 우리는 이 시대에 대해 하나님을 경외하는 가운데 주어지는 지혜를 이야기할 수 있어야 합니다. 나아가 시대를 분별하는 지혜를 우리 다음세대에게 가르쳐 그들로 하여금 세상이 아닌 하나님을 경외하여 참으로 지혜 있는 자로서 소금과 빛의 삶을 살도록 안내해야 합니다.

두 번째로 성결교회는 이 시대에 대해 자족하는 삶을 가르칩니다. 우리는 지금 탐욕의 시대를 살고 있습니다. 시대는 끊임없이 탐닉하며 물질적인 욕구를 채우는 것이 미덕이라고까지 가르칩니다. 그러나 우리 성결교회는 빌립보서에서 바울이 언급한 바와 같이 신앙 안에서 적당한 소유와 자족의 삶이 필요하다는 것을 알고 있습니다(빌 4:11~12). 이 시대 하나님을 향한 신앙은 우리에게 그리스도 안에서 적당한 소유가 무엇인지 알게 합니다. 성결한 삶은 능력의 근원이 하나님이심을 알아 그 능력 가운데에서 어떤 위치에 서든 무엇이라도 할 수 있음을 고백할 수 있습니다.

세 번째로 성결교회는 이 시대에 대해 공동체적인 삶의 중요성을 가르칩니다. 이 시대는 홀로 사는 삶, 혼자만의 삶, 자기만을 위한 삶의 가치가 시대를 풍미하는 삶이라고 가르치고 권장합니다. 그러나 참으로 복된 삶은 신앙 안에서 그리고 올바른 가치관 안에서 더불어 살고 서로를 위하여 살아가는 삶입니다. 따라서 성결교회는 삼위 하나님께서도 서로 동역하시는 가운데 공동체의 삶을 이루신 것처럼 신앙 안에서 형제가 서로 동거하며 연합하는 것의 아름다움을 추구합니다. 특별히 성령의 도우시는 능력 가운데 형제가 서로 하나 되어 섬기며 살아가는 삶이야말로 이 시대에 성결교 성도들이 시대를 향해 대안으로 이야기할 수 있는 삶이며 다음세대에게 반드시 가르쳐야 할 아름다운 삶의 가치입니다.

네 번째로 성결교회는 이 시대에 대해 건강한 삶의 길을 가르칩니다. 우리가 힘겹게 살아가는 오늘의 세상은 온통 병든 삶으로 물들어 있습니다. 곳곳에서 병마와 질병으로 신음하는 소리를 들을 수 있습니다. 문제는 이 모든 병든 삶들이 그 건강하지 못한 삶의 습관들에서 기인한다는 것입니다. 우리 성결인들은 그리고 교사들은 이제 세상에 대하여 그리고 우리 다음세대를 향하여 영적으로 건강한 삶의 대안적인 방식들을 이야기하고 그것을 가르칠 수 있어야 합니다. 예수님께서 문둥병 걸렸던 사람들을 치료하시고 그들의 회복된 모습을 제사장에게 보이게 하신 것처럼 우리 역시 이 시대의 병든 삶들을 건강한 삶의 구체적인 자리로 안내하는 실질적인 사역자들이어야 합니다. 우리 성결인들은 이제 이 시대 많은 영혼들이 병들어 고통 가운데 신음하는 소리를 듣고 그들에게 예수 그리스도의 십자가 은혜로 나음을 얻도록 인도할 뿐 아니라 그들로 하여금 다시는 병든 삶에 빠져들지 않도록 건강한 신앙의 안내를 실천해야 합니다. 무엇보다 신유의 신앙을 가르치는 성결 교사들은 낫게 하는 회복의 사역뿐 아니라 건강한 대안적 삶을 제안하는 회복의 사역을 가르치고 실천할 줄 알아야 합니다.

　마지막으로 성결교회는 이 시대에 대해 공의로운 삶의 실현을 가르칩니다. 성결교회의 종말을 지향하는 신앙은 불의한 세상에 대하여 종말의 하나님께서 이루실 정의를 외치는 실천적 신앙입니다. 성결교회의 종말을 향한 신앙은 홀로 칩거하여 수동적으로 예수님을 기다리는 신앙이 아닙니다. 오히려 세상 가운데서 등불을 밝히고 서서 세상을 향하여 이제 곧 오실 하나님 나라를 두려워해야 한다고 외치는 신앙입니다. 오늘 우리가 살아가는 세상은 온갖 불의가 가득합니다. 덕분에 곳곳에서는 불의로 인한 상처와 고통의 외침이 가득합니다. 우리 성결교회는 결국 불의한 세상에 대하여 하나님의 공의를 외치고 하나님의 정의를 실현하여 세상에 하나님의 평화를 가져올 수 있어야 합니다. 그래서 종말에 주님께서 이루실 그 나라, 그 공의롭고 평화로운 나라의 실현이 하나님만에 의한 실현이 아니라 미력하나마 우리의 힘을 보태는 것을 통해 협력적으로 가능한 일임을 알아야 합니다. 결국 우리 성결교사들은 다음세대들을 향하여 성결과 재림 신앙의 안목으로 시대를 바라보도록 가르치고 정의의 등불을 켤 용기를 가르치며, 불의한 곳을 향하여 정의를 실천할 지혜로운 신실함을 가르쳐야 합니다.

Think Point

지금까지 살펴본 신앙교육의 네 가지 내용들 중에서 당신이 맡고 있는 다음세대들의 신앙의 성장을 위해 배움이 필요한 영역은 무엇인가요?

BCM
교사로 살아가기

BCM 교사로 살아가기 – 교사의 소그룹사역

교사는 어떤 사역을 하는가?

B A S I C

교사는 어떤 사역을 하는가?
BASIC

〈마태의 소명(The Calling of st. Matthew, 1606),
Michelangelo Merisi da Caravaggio〉

Reluctant Obedience (주저하는 순종)

성경에는 하나님의 부르심에 관한 많은 이야기가 담겨있습니다. 하나님께서는 천지를 말씀으로 창조하셨지만 하나님의 모든 뜻과 계획은 믿음의 사람들을 통해 이루셨기 때문입니다. 그들은 하나님의 부르심에 믿음으로 순종했습니다. 성경은 부르심에 순종한 사람들을 이렇게 말합니다. "이런 사람들은 세상이 감당하지 못하느니라"(히 11:38). 그러나 성경에 믿음으로 살았던 사람들도 부르심의 순간에는 주저했습니다.

미켈란젤로 메리시 다 카라바조(Michelangelo Merisi da Caravag-gio)의 그림에서는 예수님의 부르심에 주저하는 제자의 모습을 엿볼 수 있습니다. 카라바조의 '마태의 소명(The Calling of st. Matthew, 1606)'은 예수님께서 세리 마태를 부르시는 순간을 담고 있습니다. 카라바조는 세리 마태가 예수님의 부르심을 받는 장면을 로마의 일상적인 풍경으로 옮겨 표현했습니다. 마치 로마의 골목에서 벌어지는 도박판이나 선술집의 풍경과도 같습니다. 그러나 카라바조는 일상에서 마주하는 소명의 자리를 빛과 어둠의 대조가 극명한 그의 화풍(명암법, 테네브리즘)으로 긴장감 있고 강렬하게 표현했습니다. 그림 오른편에는 예수님께서 손을 뻗어 마태를 부르십니다. 예수님의 손짓과 함께 어둠을 가르며 빛이 사람들에게로 쏟아집니다. 세리 마태의 삶을 대변해주는 어둠은 예수님의 부르심 앞에 속절없이 물러납니다. 결국 그림에서 예수님의 부르심은 구원의 빛으로 세리 마태에게 비춰진 것입니다. 그러나 그림에 나타난 예수님의 부르심을 받은 세리 마태의 모습에서는 비장함이나 진중함을 찾아보기 어렵습니다. 오히려 세리 마태는 부르심의 순간 주저했습니다. 성경은 예수님께서 마태를 부르셨고, 마태는 일어나 예수님을 따랐다고 기록합니다(마 9:9, 막 2:14, 눅 5:28). 그러나 카라바조는 그의 그림에 예수님의 부르심을 받은 마태를 비장한 결단이 아니라 주저하는 모습으로 그렸습니다.

카라바조는 그림에서 주저하는 세 사람을 그렸습니다. 첫 번째 사람(그림 왼쪽 첫 번째 사람)은 예수님께서 자신을 부르셨는데 머리를 숙인 채 여전히 돈을 세고 있습니다. 심지어 그 옆 사람은 마태가 이 사람이라며 손가락으로 가리키고 있기도 합니다. 예수님의 부르심을 듣지 못한 것인지, 듣고도 모르는 척하는 것인지 모르지만 그는 부르심에 주저하고 관심 없어 보입니다. 두 번째 사람(그림 왼쪽 손으로 가리키는 사람)은 예수님의 부르심에 자신이 맞는지 손으로 스스로를 가리킵니다. 그는 소명에 대한 진지함이나 진중함 대신 놀라움과 의아한 표정을 짓고 있습니다. 마찬가지로 부르심의 순간, 당황하고 주저하는 모습입니다. 마지막 사람은 바로 카라바조 자신입니다. 카라바조는 마태가 주저했던 것처럼 마태를 누구로 정할지 고민했습니다. 그의 그림을 엑스레이로 연구해본 결과 예수님의 손위치가 세 번이나 수정되었다고 합니다. 카라바조는 그림에 주저하고 있는 세 번째 마태로 자신을 숨겨두었던 것입니다.

카라바조의 그림처럼 마태가 부르심에 주저했는지는 확실치 않습니다. 성경에서는 마태가 부르심에 즉각적으로 순종했다고 기록하기 때문입니다(마 9:9, 막 2:14, 눅 5:28). 오히려 카라바조 스스로가 마태는 예수님의 부르심 앞에 주저했을 것이라고 결론 내렸을지 모릅니다. 결국 그림 속 예수님의 부르심에 주저하고 있는 사람은 카라바조 자신이었습니다. 그래서 부르심에 주저하는 자신을 마태의 소명 속에 여러 모습으로 담았던 것은 아닐까요? 부르심 앞에 누구나 주저할 수 있습니다. 성경에서 부르심을 받은 많은 사람들도 부르심 앞에 주저했습니다. 그래서 그림에 담긴 주저함이 우리에게 위로가 됩니다. 우리도 부르심 앞에 주저할 수 있기 때문입니다.

우리는 다음세대를 신앙으로 교육하는 교사로 부름 받았습니다. 부름 받은 교사로서 우리는 교사가 실천해야 할 사역의 자리로 나아가야 합니다. 매주 주일 아침마다 다음세대들의 사이에서 신앙을 가르치는 사역의 자리에 서야 합니다. 신앙을 가르치는 일에 여전히 주저할 수 있습니다. 혹시 주저하고 있다면 예수님의 부르심에 다시 마주해보시기 바랍니다. "나를 따르라"(마 9:9, 막 2:14, 눅 5:28). 예수님께서는 주저함을 넘어 사역의 자리로 초청하십니다. 그래서 우리가 참된 교사로 바르게 서기를 원하십니다. 참된 교사의 사역, 그것은 다음세대들을 부르고, 세우고, 보내는 사역입니다. 하나님께서는 구약의 인물들을 부르시고, 세우셔서, 하나님의 역사의 자리로 보내셨습니다. 예수님께서는 제자들을 부르시고, 세우셔서, 땅끝으로 보내셨습니다. 성령님께서는 교회의 역사 속에서 믿음의 사람들을 부르시고, 세우셔서, 복음이 필요한 사람들에게 보내셨습니다. 특별히 교사인 우리는 하나님의 부르시고 세우시고 보내시는 사역에 동역자로 초청받았습니다. 우리는 다음세대를 향한 하나님의 비전을 이루어갈 동역자들입니다. 결국 참된 교사는 다음세대들을 부르고 세우고 보내는 사역에 성실하고 진실하게 동참하는 사람들입니다.

Think Point

하나님께서 당신에게 교사로서 기대하시는 사역은 무엇인가요?

'부르심'을 위한 교사의 사역

성경에서 보듯이 하나님께서는 세상에서 믿음의 사람들을 부르셨습니다. 부르심에 순종한 사람들을 하나님의 백성으로 삼으셨습니다(신 6:4~9). 하나님께서는 부르심에 응답한 사람들을 사용하셔서 세상을 구원하고자 하셨습니다. 하나님께서는 아브라함을 부르셔서 이스라엘 민족으로 세우셨고 세상을 구원할 제사장의 사역을 감당하기 원하셨습니다(출 19:6). 또한 예수님께서는 열 두 제자들을 부르셔서 초대교회 공동체를 세우시고 이스라엘과 온 세계에 복음을 전하는 사역을 감당하게 하셨습니다(마 28:19~20). 지금도 하나님의 백성들을 부르셔서 신앙공동체로 세우시고 세상에서 하나님의 백성으로 살아가기를 기대하십니다. 하나님께서는 세상의 사람들을 부르셔서 하나님의 백성으로 삼으시고, 세상 속에서 신앙공동체를 형성하여 하나님의 나라를 예비하기 원하셨기 때문입니다. 그래서 하나님의 부르심에 순종한 사람들은 세상 속에서 공동체와 더불어 메시야를 대망하고, 다시 오실 예수님을 기대하고, 하나님 나라를 소망하는 삶을 살았습니다.

하나님께서는 아브라함을 부르셔서 고향과 친척과 아버지의 집에서 떠나 약속의 땅으로 인도하셨습니다(창 12:1). 모세를 부르셔서 애굽에서 종살이하는 이스라엘 민족을 가나안으로 인도하셨습니다(출 3:10). 이사야를 부르셔서 이스라엘 백성들에게 메시야에 대한 소망을 갖게 하셨습니다(사 6:8). 베드로를 부르셔서 초대교회를 세워갈 기틀을 마련하셨습니다(눅 5:1~11). 바울을 부르셔서 선교여행을 통해 초대교회를 든든하게 세우고 복음을 전하도록 하셨습니다(행 9:3~5). 하나님께서 부르신 것은 한 사람이었을지 모르지만 부르심에 순종한 한 사람을 통해 세상에서 믿음의 공동체, 신앙공동체를 세우셨습니다. 결국 하나님의 부르심은 세상에서 신앙공동체로의 부르심입니다. 이러한 신앙공동체는 하나님의 백성들이 세상 속에서 그리스도인으로, 제자로 살아가도록 돕는 복음의 전초기지와 같습니다.

기독교 전통 아래 우리는 이러한 신앙공동체를 '교회'라고 말합니다. 교회는 하나님의 부르심에 응답한 사람들이 모인 신앙공동체입니다. 클라우드 웰치(Claude Welch)는 그리스도인과 교회의 관계에 대해 그리스도 안에 있다는 것은 교회 안에 있는 것이며, 교회 안에 있다는 것은 그리스도 안에 있는 것이라고 말합니다. 또한 그리스도인은 교회의 신앙공동체를 통해 신앙이 잉태되며 양육된다고 말합니다. 즉 하나님의 부르심은 교회로의 부르심과 깊은 관련이 있습니다. 하나님께서는 세상에서 믿음의 사람들을 교회로 부르셔서 교회를 통해 세상을 향한 하나님의 뜻과 계획을 실현하시기 때문입니다. 그래서 교회는 하나님의 부르심 아래 세상을 향한 소명을 실천해야 합니다(행 4:32). 교회의 소명은 예수 그리스도의 복음을 세상에 전하며, 다시 오실 예수 그리스도를 소망하며 예비하는 것입니다. 즉 교회는 세상을 치유하며 세상을 향해 복음을 선포해야 합니다. 그래서 세상에서 다시금 예수 그리스도께로 돌이킬 수 있도록 부르는 사역을 감당해야 합니다. 교회는 예수님께서 병든 자들을 고치시고 천국복음을 선포하셨던 것처럼, 초대교회가 성령의 임재와 성령 충만을 경험한 후 봉사와 전도에 힘썼던 것처럼 세상에서 소금과 빛의 역할을 감당하며, 예수 그리스도의 십자가 사랑을 선포하며, 예수님의 다시 오심을 준비해야 합니다. 그래서 교회는 세상 사람들에게 죄로 만연한 세상에서 하나님께로 나아오도록 초청해야 합니다. 정처 없는 세상에서 하나님의 소명의 자리로 나아오도록 인도해야 합니다. 상처로 가득한 세상에서 예수 그리스도의 사랑 안으로 안내해야 합니다. 결국 교회의 부르는 사역은 세상 사람들을 하나님의 신앙공동체로 불러 하나님의 백성이 되도록 인도하는 일입니다.

부름 받은 우리는 사도 바울의 에베소 교회를 향한 권면처럼 하나님의 부르심을 입은 부름에 합당히 행해야 합니다(엡 4:1). 하나님의 부르심에 합당한 삶은 부르는 사역에 동참하는 것입니다. 바나바는 바울을 사역의 자리로 초청했습니다. 안디옥 교회에 믿는 사람의 수가 더해진다는 소식을 들은 예루살렘 교회는 바나바를 파송하기로 결정하였습니다(행 11:19~26). 바나바는 착한 사람이었으며 성령과 믿음이 충만한 사람이었기 때문에 안디옥 교회에 적임자로 판단했던 것입니다(행 11:24). 이때 바나바는 안디옥 교회로 혼자 가지 않습니다. 130km나 떨어진 다소에 있는 바울에게로 찾아갑니다. 그래서 바나바는 바울과 함께 안디옥 교회에서 사역합니다. 안디옥 교회에서 큰 무리를 가르쳤고 그때 제자들과 안디옥 교회는 그리스도인이라고 칭함을 받게 됩니다(행 11:26). 바나바의 부르는 사역을 통해 바울은 3차에 이르는 선교여행을 다니며 복음을 전파하였습니다.

존 웨슬리(John Wesley)는 조지 횟필드(George Whitefield)를 메소디스트 사역의 자리로 이끌어주었습니다. 존 웨슬리는 1736년 미국 조지아 주로 선교를 가게 되었습니다. 그래서 선교기간 동안 옥스퍼드 대학의 메소디스트 운동을 이끌 목회자가 필요했습니다. 그때 존 웨슬리는 이제 갓 안수받은 목사였던 조지 횟필드를 자신이 맡고 있던 사역의 자리로 초청했습니다. 이를 통해 조지 횟필드는 명설교자로 인정받게 되었습니다. 훗날 조지 횟필드는 존 웨슬리를 이렇게 소개합니다. "저는 그분의 구두끈도 매지 못할 사람입니다" 존 웨슬레는 조지 횟필드를 사역의 자리로 초청했고, 조지 횟필드는 그 부름에 순종하였습니다. 이 둘은 교리적인 논쟁을 하기도 했지만 조화롭게 동역하고 협력했습니다. 결국 조지 횟필드는 죽음을 앞두고 존 웨슬리에게 어떤 특별한 교리에 대한 판단이 다름에도 불구하고 가슴 속에 확고한 화합과 그리스도의 사랑의 증거로 편지를 보냈으며, 장례식 설교를 요청하기도 했습니다.

우리 또한 부르는 사역으로 부름 받았습니다. 참된 교사로서 우리는 다음세대를 부르는 사역에 동참해야 합니다. 다음세대들을 부르는 사역은 다음세대들이 세상 속에서 하나님을 기억하고 하나님께로 돌아오도록 인도하는 사역입니다. 다음세대들이 살고 있는 세상은 다음세대들에게 세상의 문화를 교육하고 훈련시킵니다. 엘리스 낼슨(C. Ellis Nelson)은 그의 저서 『신앙교육의 터전』에서 문화에 대해 이렇게 정의합니다. 문화는 학습된 행동과 행동 결과의 구성으로, 이 구성요소들은 사회의 구성원들에 의해 나누어지고 전달됩니다. 그리고 개인에게 내면화되며 사회에서 제도화된 것으로 개인의 행동과 사고의 패턴에 영향을 줍니다. 즉 세상에서 다음세대들은 세상의 문화에 직접적으로든 간접적으로든 영향을 받으며 이는 다음세대들의 삶에서 행동하고 사고하는 중요한 요인이 된다는 것입니다. 일주일에 다음세대들이 교회에 머무는 2시간 남짓을 제외한 모든 시간동안 다음세대들은 세상의 문화에 영향을 받으며 살아가고 있습니다. 앞서 살펴본 것처럼 사회문화와 일반 학교교육은 세상에서 다음세대들이 그리스도인으로 성장하도록 돕기보다는 오히려 방해하고 있습니다. 그러기에 교사로서 우리는 세상에서 하나님을 기억하도록 다음세대들을 세상에서 교회로 부르는 사역을 실천해야 합니다. 그리고 하나님께로 인도한 다음세대들이 예수님을 믿음으로 중생을 경험하도록 안내해야 합니다. 그러기 위해 우리는 다음세대들이 신앙을 체득적으로 형성하도록 분명한 방식을 제시해줄 수 있어야 합니다. 그것은 부르는 사역의 시간적이고 공간적인 구심점을 분명하게 세우는 것입니다. 즉 부르는 사역은 매주 다음세대들을 주일에 교회로 나올 수 있도록 부르고 인도하고 안내하는 일입니다.

우리는 주중에 반 아이들의 삶의 자리로 나아가 그들을 격려하고 위로하며 다시금 교회로 초청해야 합니다. 함께 동역하는 교사들을 위해, 맡겨진 반 아이들을 위해 중보하는 시간을 가져야 합니다. 주일을 기대하며 함께 모여 예배와 성경공부, 프로그램을 준비하는 시간을 가져야 합니다. 그리고 주일 아침 교회로 들어오는 다음세대들을 기쁨으로 환영해야 합니다. 결국 부르는 사역은 매주 주일을 중심으로 교회에서 반복적으로 이루어지는 신앙의 패턴입니다. 매주 반복되는 부르는 사역에 우리는 신실하고 진실하게 임해야 합니다. 교사의 부르는 사역은 신앙공동체인 교회로의 부름입니다. 우리는 다음세대들을 교회의 신앙공동체로 초청해야 합니다. 또한 교사의 부르는 사역은 주일 회중과 함께하는 공동체로의 부름입니다. 우리는 다음세대들이 주일, 교회를 중심으로 신앙생활 하도록 안내해야 합니다. 그래서 다음세대들이 하나님의 부르심에 순종하도록 매주 부르는 사역에 성실하게 참여해야 합니다.

교회의 부르는 사역은 세상 사람들을 하나님의 신앙공동체로 불러 하나님의 백성이 되도록 인도하는 일입니다. 교사의 부르는 사역은 다음세대들이 세상 속에서 하나님을 기억하고 하나님께로 돌아오도록 인도하는 사역입니다.

'세우심'을 위한 교사의 사역

성경에서 부름 받은 하나님의 사람들은 신앙공동체를 통해 세움 받았습니다. 우리가 잘 알고 있듯이 하나님의 부르심에 믿음으로 순종한 후에는 늘 신앙이 성장하고 성숙하는 과정이 뒤따랐습니다. 그리고 연단의 과정은 개인만의 경험이 아니었습니다. 하나님께서는 이스라엘 백성을 출애굽 시키시고 홍해를 지나 가데스 바네아에서 바로 가나안 땅에 들어가게 하지 않으셨습니다. 40년의 광야 생활을 통해 그들을 진정 하나님의 백성으로 회복시키시고 훈련시키셨습니다. 예수님께서는 제자들을 부르시고 복음을 전하는 증인으로 세우기 위해 열두 제자들과 공생애 기간 동안 공동생활을 하셨습니다. 이렇듯 세우는 사역은 개인적인 차원을 넘어서 공동체 안에서 이루어집니다.

우리가 교회의 신앙공동체에 소속되어 있는 것은 상당히 교육적인 일입니다. 함께 예배하고, 기도하고, 찬양하고, 교제하고, 말씀을 나누고, 서로 봉사하고, 전도하는 일련의 행동들은 직접적으로 가르치지 않아도 자연스럽게 전달되기 때문입니다. 처음 대표기도를 했을 때를 떠올려 봅시다. 기도문을 작성하면서 막막했던 순간을 말입니다. 어떻게 해야 할지 몰라 당황하던 그때 교회의 장로님의 기도, 또는 목사님의 기도 한 구절이 떠올라 나름 멋스러운 기도문을 완성했었습니다. 교회에 어느 정도 다닌 사람이라면 기도의 정의, 목적, 방법 등에 대해 배우지 않아도 대표기도를 할 수 있습니다. 세상의 문화가 그러하듯 교회의 신앙공동체도 우리에게 기독교의 문화를 전달하고 영향을 주기 때문입니다. 교회의 신앙공동체는 우리에게 교회의 문화와 신앙을 전수하고 교육하고 있습니다. 존 웨스터호프 Ⅲ세(John H. Westerhoff Ⅲ)는 신앙공동체가 우리에게 어떻게 신앙을 전수하는지를 세 가지로 설명하고 있습니다.

첫째는 신앙공동체의 종교적 예식입니다. 우리는 종교적 예식을 통해 교회의 구성원들과 함께 신앙을 고백하고, 하나님의 말씀을 듣고, 찬양으로 하나님께 영광 돌리고, 함께 기도합니다. 그래서 교회의 신앙공동체에서 드리는 종교적 예식은 신앙을 잉태하는 태반과도 같습니다. 둘째는 신앙공동체의 경험입니다. 그리스도인의 경험은 신앙을 역동적으로 살아있게 해줍니다. 교회의 신앙공동체 안에서 우리는 삶을 나누는 경험에서 직접적으로 간접적으로 신앙의 언어와 성경 말씀을 가르치고 배웁니다. 즉 교회의 신앙공동체는 기독교 전통을 공유하고 소통하는 장입니다. 셋째는 신앙공동체의 활동입니다. 신앙공동체의 활동은 그리스도인들이 신앙으로 살아가도록 체득하는 임상과도 같습니다. 우리는 신앙공동체 안에서 다양한 활동에 참여함으로 세상에서 어떻게 선교적인 삶을 살 수 있을지에 대해 실습할 수 있습니다. 존 웨스터호프 Ⅲ세는 교회의 신앙공동체에서 종교적 예식, 경험, 활동을 통해 그리스도인의 정체성을 형성하고, 기독교 전통과 신앙을 배움으로 그리스도인의 삶을 체득한다는 것입니다. 결국 교회의 신앙공동체는 영적인 보금자리로서 부름 받은 하나님의 백성들을 영적으로 세울 수 있어야 합니다.

초대교회 공동체는 하나님께서 부름 받은 사람들을 어떻게 세우시는지에 대해 좋은 본이 되었습니다. 초대교회 공동체는 예수님의 승천 이후에 함께 모여 예수님께서 약속하신 성령을 기다리며 기도했습니다(행 2:1~4). 마가의 다락방에서 기도하던 중 약속하신 성령은 그들에게 임하셨습니다. 그 사건은 초대교회 공동체를 완전히 변화시켰습니다. 변화의 근본적인 요인은 바로 성령의 임재였습니다. 성령 충만함을 경험한 초대교회 공동체는 먼저 모여 서로 교제하고 예배하기에 힘썼습니다(행 2:43~47). 성령 충만함으로 그들은 한마음 한뜻으로 기도했습니다(행 4:23~31). 성령 충만함으로 그들은 병든 사람과 더러운 귀신들린 사람들을 치유했습니다(행 5:16). 성령 충만함으로 그들은 고난 가운데에서도 전도했습니다(행 5:17~42). 하나님께서는 예수님의 제자로 부름 받은 초대교회 공동체를 성령의 임재를 통해 복음의 증인으로 세우셨습니다. 그래서 성령의 임재를 경험하는 것은 교회의 신앙공동체를 세우는 중요한 과정입니다. 결국 하나님의 세우시는 사역은 부름 받은 우리가 신앙공동체 안에서 성령의 임재 아래 복음의 증인으로 훈련받는 과정입니다. 이러한 과정은 단순히 개인의 신앙 체험을 넘어선 공동체 안에서 신앙이 회복되고 부흥을 경험하는 것입니다. 또한 부름 받은 한 개인이 신앙공동체 안에서 다양한 신앙의 경험을 통해 하나님의 증인으로, 하나님의 일꾼으로 세우는 과정입니다.

성령의 임재를 경험한 초대교회 공동체는 특별히 그리스도의 몸을 세우는 '공동체화' 과정에 집중합니다. 그것은 교회의 전통에서 나타나는 다섯 가지 실천 중 예배(leiturgia), 교육(didache), 교제(koinonia)에 해당합니다. 즉 하나님께서는 예배, 교육, 교제를 통해 초대교회의 믿는 무리들을 신앙공동체로 세우셨습니다. 초대교회 공동체에 나타났던 세 가지 실천은 신앙의 공동체성을 강화하고 선교적 공동체로의 발판이 되었습니다. 첫 번째 실천은 예배(leiturgia)입니다. 성령 충만한 초대교회 공동체는 모여 떡을 떼며 기도하기를 힘썼습니다(행 2:42). 초대교회의 예배는 주로 가정에서 이루어졌고, 공동체 식사(공동식사와 성만찬)와 기도가 포함된 형태였습니다. 그들은 예수님께서 십자가 지시기 전날 밤 행하셨던 성만찬을 기억하며 예수님의 살과 피를 나누었습니다. 또한 오순절 마가의 다락방에 임했던 성령의 임재를 기억하며 다시금 성령의 충만함을 간구하며 뜨겁게 기도했습니다. 그들은 예배를 통해 삶이 회복되고 부흥하여 하나님의 진리와 그리스도의 복음으로 살아가기를 소망했습니다(행 2:46). 이렇듯 초대교회 공동체는 예배를 통해 그리스도의 몸 된 신앙공동체를 형성해갔습니다. 초대교회의 예배는 그들의 문화적이고 종교적인 활동만을 의미하는 것이 아니었습니다. 예배(leiturgia)는 초대교회 신앙의 정체성을 형성하는 밑거름이 되었습니다.

두 번째 실천은 교육(didache)입니다. 성령 충만한 초대교회 공동체는 사도의 가르침을 받는 일에 힘썼습니다(행 2:42). 사도들은 예수님께서 그들을 교육하셨던 것처럼 초대교회 공동체에게 예수 그리스도의 복음을 가르쳤습니다(행 4:33). 또한 성령 임재를 경험하고 배운 것들을 다른 사람들과 자녀들에게 전하였습니다. 초대교회의 교육은 대부분 성경을 해석하고, 기독교 전통을 실천하고, 예수님의 생애와 말씀을 선포하고, 그리스도인의 윤리적인 삶을 가르치는 특징을 가집니다. 초대교회 공동체는 교육을 통해 그리스도인으로서의 삶을 배우고 그들의 신앙을 전수하고 가르쳤습니다. 교육(didache)은 초대교회 구성원들의 신앙과 삶을 연결하고, 세대와 세대를 연결하는 다리의 역할을 했습니다.

셋째는 교제(koinonia)입니다. 성령 충만한 초대교회 공동체는 모이기를 힘썼습니다(행 2:46). 그리고 모여 서로 교제하기를 즐겨했습니다(행 2:42). 그들은 함께 생활하며 자신의 물건을 서로 통용하고 재산과 소유를 팔아 공동체 구성원의 필요를 채워주었습니다(행 2:44~45). 초대교회의 교제는 모이는 것으로 시작했고, 이는 서로의 필요를 나누는 공동생활로 이어졌습니다. 초대교회의 교제는 성령 충만함이라는 공통적인 요소를 통해 가능했습니다. 성령 안에서 교제함으로 소속감을 가지고 신앙공동체로 성장할 수 있었습니다. 교제(koinonia)는 초대교회 구성원들에게 성령 안에서 소속감으로 하나 되게 하는 접착제와 같습니다.

초대교회 공동체가 예배, 교육, 교제를 통해 세우는 사역을 실천했던 것처럼 우리 또한 세우는 사역에 부르심을 받았습니다. 참된 교사로서 우리는 다음세대를 세우는 사역에 참여해야 합니다. 다음세대들을 세우는 사역은 교회의 신앙공동체 안에서 예배, 교육, 교제의 사역을 통해 다음세대들을 예수님의 제자로 양육하는 일입니다. 그러기 위해서는 먼저 우리는 다음세대들에게 교회의 신앙공동체와 함께하는 신앙생활을 가르쳐야 합니다. 세우는 사역은 교회의 신앙공동체를 중심으로 이루어집니다. 교회의 신앙공동체에서 이루어지는 예배, 교육, 교제의 사역들은 다음세대들에게 신앙의 정체성을 부여하고, 신앙과 삶을 연결해주고, 신앙의 선배들과 신앙을 교류하게 하고, 성령 안에서 소속감을 갖게 합니다. 다음으로 우리는 다음세대들에게 교회의 신앙공동체 안에서 성령의 임재를 경험하고 성령 충만하도록 기도하고 양육해야 합니다. 초대교회가 신앙공동체로 세워진 분명한 계기는 성령의 임재와 성령 충만함이었습니다. 우리는 다음세대들이 교회 안에서 성령의 임재를 경험하도록 영적으로 고양된 예배, 교육, 교제의 자리로 안내해야 합니다. 그래야 다음세대들이 교회의 신앙공동체 안에서 성령으로 회복하고 부흥하는 세움을 경험할 수 있습니다. 결국 세우는 사역은 다음세대들이 교회의 신앙공동체 안에서 이루어지는 다양한 실천으로 회복과 부흥을 경험하게 하는 일입니다. 그래서 다음세대들을 예수님의 제자로, 복음의 증인으로 세워가는 일입니다.

우리는 주일 아침에 교회로 오는 다음세대들을 기쁨으로 환영하고 맞이해야 합니다. 주일 예배시간에 반 아이들과 함께 전심으로 예배드리며 반 아이들이 성령으로 회복하고 부흥하도록 중보기도 해야 합니다. 주일 성경공부 시간에 반 아이들에게 미리 준비한 공과를 열정적이고 신실하게 가르쳐야 합니다. 주일에 간식이나 식사를 나누어 먹고 삶을 나누는 영적인 교제를 해야 합니다. 세우는 사역도 부르는 사역과 마찬가지로 매주 주일에 교회에서 반복적으로 이루어지는 신앙의 패턴입니다. 특별히 세우는 사역은 교사로서 전문성을 요구합니다. 우리는 세우는 사역을 조금 더 성실하고 탁월하게 가르칠 수 있도록 부단히 수고하고 준비해야 합니다. 교사의 세우는 사역은 교회의 신앙공동체 안에서 다음세대들을 예수님의 제자로, 복음의 일꾼으로 세우는 일입니다. 우리는 성령의 도우심 아래 다음세대들에게 예배, 교육,

교제의 사역을 통해 회복과 부흥을 경험하게 해야 합니다. 그래서 다음세대들이 성령의 임재를 경험하고 성령 충만함으로 세상으로 파송할 준비를 해야 합니다.

'보내심'을 위한 교사의 사역

성경에서 세움 받은 하나님의 사람들은 신앙공동체에서 땅끝으로 보냄 받았습니다. 레슬리 뉴비긴(Lesslie Newbigin)은 교회를 세상 끝까지 그리고 땅끝까지 가는 순례자의 무리라고 말합니다. 이처럼 세움 받은 하나님의 백성들은 세상의 끝, 땅끝으로 향하는 순례자들입니다. 하나님께서는 자신의 백성들을 성령으로 세우시고 세상으로 보내기 원하시기 때문입니다. 하나님께서는 보내는 사역을 몸소 실천하셨습니다. 하나님께서는 성육신하신 예수님으로 이 땅에 오셨습니다. 예수님께서는 우리의 죄를 위해 십자가를 지심으로 온 세상을 구원하셨습니다. 그리고 십자가 죽음을 이기시고 부활하셔서 승천하시기 전 제자들에게 선교의 사명을 말씀하셨습니다. 이는 제자들에게 모든 민족을 제자 삼고, 세례를 베풀고, 말씀을 가르치고, 지키게 하라는 명령입니다(마 28:19~20). 예수님의 지상명령은 우리에게 보내는 사역의 분명한 목표점을 설정해줍니다. 그 목표점은 부름 받고 세움 받은 하나님의 백성들이 예수님의 명령대로 '보냄 받은 세상'입니다. 세상은 보냄 받은 하나님의 백성들이 복음을 전해야 할 곳입니다. 예수님께서는 그리스도인만을 위해 십자가를 지시지 않으셨습니다. 그래서 세상은 복음이 필요합니다. 세상이 이를 거부하더라도 우리는 전해야 할 책임을 예수님으로부터 부여받았습니다. 우리는 하나님의 동역자로서 세상에 복음 전하기 위해 세상으로 사역의 방향 전환을 해야 합니다(고전 3:9).

초대교회 공동체는 세우는 사역에서 보내는 사역으로 방향 전환하기 위해 고난과 핍박을 받아야 했습니다. 하나님께서는 초대교회 부흥이 절정에 이른 그때 핍박을 통해 초대교회 공동체를 흩어놓으셨습니다. 초대교회 공동체는 예루살렘에 있는 제자의 수가 심히 많아지고 허다한 제사장의 무리도 복음에 복종할 만큼 부흥했습니다(행 6:7). 그러나 스데반 집사의 순교 이후 초대교회는 극심한 고난과 핍박을 당해야 했습니다. 그래서 예루살렘에 있던 초대교회의 무리들은 유대와 사마리아 땅으로 도피해야 했습니다(행 8:1). 이러한 상황 속에서도 성령 충만한 초대교회 사람들은 도피한 그 곳에서 복음을 전했습니다(행 8:4). 빌립 집사는 사마리아 여러 마을에 복음을 전하고 성령으로 능력을 행합니다(행 8:5~25). 또한 광야에서 에디오피아 내시에게 복음을 전하고 세례를 베풀었습니다(행 8:26~40). 이는 초대교회에게 이방인을 향한 선교의 시작이 되었습니다. 이를 계기로 초대교회는 바울과 바나바를 파송하여 안디옥을 시작으로 더베까지 여행하며 복음을 전하게 파송했습니다. 결국 하나님의 계획은 초대교회 공동체를 예루살렘이 아닌 복음이 필요한 세상의 끝, 땅끝으로 보내는 것이었습니다.

성결교회의 신앙의 선배들도 복음을 전하는 보냄 받은 하나님의 백성들이 었습니다. 초기 한국성결교회는 1907년 염곡에 동양선교회복음전도관을 세웠습니다. 교회라는 이름이 아닌 전도관이라는 이름을 붙인 이유를 이명직 목사님은 믿지 않는 사람들에게 순전히 복음을 전하고, 전도를 목적으로 했기 때문이라고 말합니다. 복음전도관은 당시 교회가 감당하지 못하는 선교의 사역을 감당할 목적으로 교권주의를 배격하고, 직접 복음을 전하기 위해 세워졌습니다. 복음전도관은 야외집회, 노방전도를 중심으로 전도했습니다. 1908년 1월 「전보」에는 전도사역을 이렇게 보고하고 있습니다. "지난 달 주님께서는 우리에게 풍성한 축복을 내리셨다. 우리는 일곱 차례의 야외집회를 가졌고, 아홉 번의 성경공부를 했으며, 다섯 번의 전도 집회를 가졌고, 주일학교를 세 번 가졌다. 신자들의 모임은 열두 번 가졌고, 기도회는 네 번 가졌다. 3,000부 이상의 소책자를 배포했으며, 열여섯 명이 회개했다. 복음전도관이 문을 연 지난 6개월 동안 272명이 그리스도를 찾았다. 그리고 이들의 대부분은 구원을 받았다고 간증했다" 성결교회는 보냄 받은 자리에서 복음을 전하는 사역으로 시작되었습니다. 그리고 이러한 사역은 평양 대부흥운동에도 미동하지 않았던 서울에서 부흥의 불씨가 되었습니다. 이는 서울의 서민층을 중심으로 일어난 서울 대부흥운동으로 이어졌습니다. 1908년 겨울에 서울의 온 교회가 모여 예배하고 기도하는 중에 성령의 능력이 나타나 죄를 회개하고 성결을 체험하게 되었습니다. 그때 은혜에 감사와 기쁨을 이기지 못해 손바닥을 치며 찬송을 부르고 굴레 벗은 송아지와 같이 뛰었다고 합니다. 그래서 한 선교사는 "뛴패"라는 재미있는 별명을 붙여주기도 했습니다. 하나님께서는 신앙공동체에 머물러 있는 우리를 복음의 증인으로 세상을 향해 파송하기 원하십니다. 그리고 보냄 받은 하나님의 백성으로서 세상을 회복시키고, 세상에 복음을 선포하는 사역을 감당하기를 원하십니다.

보내는 사역은 세상에서 하나님의 증인으로서 두 가지 사역에 참여하는 것입니다. 먼저는 세상을 섬김으로 회복하는 사역(diakonia)입니다. 예수님께서는 십자가를 지시기 전날 밤 제자들을 불러 모으시고 그들의 발을 씻어주셨습니다(요 13:3~10). 예수님께서는 제자들을 향한 자기 사랑을 섬김으로 보여주셨습니다. 그리고 섬김 받은 제자들이 세상을 섬김으로 회복시키기를 원하셨습니다. 세상을 회복하는 사역은 세상 위에서 군림하는 사역이 아닙니다. 예수님께서 제자들의 발을 씻겨주시기 위해 허리를 숙이시고 무릎을 굽히셨던 것처럼 세상을 향한 봉사와 섬김으로 가능한 것입니다. 성령 충만했던 베드로와 요한은 성전 미문 앞에서 구걸하는 앉은뱅이를 그냥 지나치지 않았습니다. 그리고 나사렛 예수 그리스도의 이름으로 그를 일어나게 합니다(행 3:1~10). 베드로와 요한은 세상에서 절망하고 좌절하여 더 이상 소망이 없는 그를 예수님의 이름으로 치유하고 회복시켰습니다. 성전 미문에 앉아 있었지만 성전 안으로 들어갈 수 없었던 앉은뱅이는 치유와 회복을 경험하고 성전 안에 들어가 하나님을 찬양하게 됩니다(행 3:7~8). 베드로와 요한의 회복하는 사역은 앉은뱅이의 신체를 성령의 능력으로 치유하고, 그의 영혼을 복음으로 구원했습니다. 초대교회의 정신을 이어받아 형성된 쿰란 공동체의 다메섹 규칙(Damascus Rule)처럼 세상을 회복하는 사역은 "가난한 자와 궁핍한 자와 이방인을 구제"하는 것입니다. 복음의 능력은 세상에서 섬김과 봉사를 통해 드러납니다. 또한 복음의 능력은 세상을 치유하고 회복시키는 표적과 기사로 증거 됩니다.

다음으로 세상에 하나님나라 복음을 선포하는 사역(kerigma)입니다. 예수님께서는 공생애를 시작하시면서 천국 복음을 전파하셨습니다(마 4:23). 예수님의 복음 전도는 장소에 상관없이 이루어졌습니다. 성경은 온 갈릴리와 회당에서 복음을 선포하셨다고 기록합니다(마 4:23). 예수님께서는 천국복음을 전파하시고 보이지 않는 천국을 표적과 기사로 보여주셨습니다. 복음을 선포하는 사역에는 성령의 임재와 능력이 함께하시기 때문입니다. 성령은 끊임없이 초대교회 공동체로 하여금 복음을 전하도록 강권적으로 이끄셨습니다. 성령 강림 이후에 베드로는 예루살렘에 모인 많은 유대인들을 향해 복음을 선포했습니다(행 2:14~41). 이 복음 선포를 통해 3,000명이 회개하고 세례를 받았습니다. 그래서 초대교회 공동체는 날마다 구원받는 사람들이 늘어났습니다(행 2:47). 그들은 날마다 예배 드렸던 것과 마찬가지로 날마다 복음을 전하고 선포했습니다. 또한 초대교회의 하나님나라 복음을 선포하는 사역은 바울의 선교여행으로 이어졌습니다. 바울은 3차에 걸친 선교여행을 통해 소아시아와 유럽 지역에 천국 복음을 선포하였습니다. 복음으로 회복시키고 복음을 선포하는 사역은 결국 예수님의 사역을 위임받아 세상으로 보냄 받은 교회의 신앙공동체가 실천해야 할 사역이며 사명입니다.

교회의 신앙공동체는 하나님의 백성들을 선교 현장으로 보내야 합니다. 교회의 보내는 사역은 우리가 하나님의 전령이 되어 세상에 복음으로 회복시키고, 복음을 선포하는 일입니다. 교회의 신앙공동체 안에서 선교는 교회의 도구나 기능이 아닙니다. 선교는 교회의 신앙공동체가 진정 추구해야 하는 정체성이며, 세상과 하나님을 연결 짓고, 세상과 교회를 이어주는 다리와도 같습니다. 부름 받고 세움 받은 교회의 신앙공동체 구성원들은 저마다의 선교의 자리로 보냄을 받아야 합니다.

부름 받은 교사로서 우리는 교회의 신앙공동체에서 세움 받은 다음세대들을 선교의 자리로 파송하는 '보내는 사역'에 참여해야 합니다. 다음세대들을 보내는 사역은 먼저 세움 받은 다음세대들이 처해있는 세상을 복음과 성령의 능력으로 치유하고 회복하도록 파송하는 일입니다. 다음세대들이 마주해야 할 세상은 다음세대들을 죄로 물들게 하고, 상처를 입히는 가시밭과 같습니다. 세상은 회복과 치유가 간절합니다. 그러기에 우리는 다음세대들이 죄와 상처에서 해방되어 세상을 치유하고 회복시키는 하나님의 일꾼이 되도록 훈련하고 양육해야 합니다. 다음으로 다음세대들이 처해있는 세상에서 복음을 선포하고 말씀대로 살아가는 일입니다. 세상으로 파송하는 다음세대들은 마치 어린 양을 이리 가운데 보내는 것과 같습니다(눅 10:3). 그러나 예수님께서 70인을 파송하셨듯이 우리도 담대하게 다음세대들을 세상으로 파송해야 합니다. 세상은 복음이 절실합니다. 추수할 것이 많되 일꾼이 적다고 한탄하시는 예수님의 말씀에 순종하며 다음세대들과 함께 세상에 복음을 선포하고 전해야 합니다(눅 10:2).

우리는 주일 예배가 끝나고 성령의 도우심을 간구하며 다음세대들을 세상으로 파송해야 합니다. 혹시 주일에 나오지 못한 반 아이들에게 직접 전화, 문자, 엽서 등 다양한 방법으로 심방해야 합니다. 또한 부서에서 서기의 행정적인 부분을 도와 출결, 특이사항, 기도제목 등을 적어 나누고 소통해야 합니다. 한 주의 시작을 스피릿 말씀 묵상, 교사코칭, 자기코칭으로 스스로 좋은 목자가 되기 위해 부단히 노력해야 합니다. 그리고 성경공부를 준비하며 반 아이들을 위해 중보 기도하는 시간을 가져야 합니다. 또한 주간의 사역에서 반 청소년들이 보냄 받은 선교의 자리에서 선교의 사명을 온전히 감당하고 있는지 점검해주어야 합니다.

Edu Point

교회의 보내는 사역은 봉사(didakonia)와 복음선포(kefigma)의 사역을 통해 하나님의 백성으로서 세상을 회복시키고 복음을 선포하는 일입니다. 교사의 보내는 사역은 다음세대들이 한 주간 보냄 받은 세상에서 성령의 능력으로 세상을 치유하고 복음을 선포하는 선교사로 파송하는 일입니다.

주저함을 넘어 사역의 자리로

우리가 처음에 살펴보았던 세리 마태는 예수님의 부르심에 순종하여, 예수님의 제자로 세움 받았고, 결국 보냄 받은 자리에서 순교했습니다. 그는 부르심에 주저했는지 몰라도 순종한 이후 주저함은 사라졌습니다. 마태는 예수님께서 부르신 이후 성경에 거의 등장하지 않습니다. 12제자들을 기록한 복음서에 이름만 등장합니다(마 10:2~4, 막 3:16~19, 눅 6:14~15). 그리고 예수님께서 승천하신 후 기도하기 위해 모인 다락방에 함께했다고 기록될 뿐입니다(행1:13). 우리가 알다시피 마태는 성령의 조명 아래 마태복음을 집필했습니다. 그는 예수님의 행적을 보고 듣고 경험한 바를 겸손히 기록했습니다. 마태복음에서 스스로를 세리 마태라고 기록한 것으로 보아 자신의 과거의 행적에 대해 겸손히 회개하는 모습을 엿볼 수 있습니다. 마태의 복음 사역은 15년 동안 에디오피아, 그리스, 마케도니아, 시리아, 페르시아까지 복음을 전하다가 고통스럽지만 영광스러운 순교로 종지부를 찍습니다. 그는 다른 복음서와는 달리 "레위"(연합하다, 막 2:14, 눅 5:28)라는 이름 대신 스스로를 "마태"(하나님의 선물, 마 9:9)라고 칭했습니다. 예수님의 제자가 된 후 그는 그의 이름처럼 하나님께 새롭게 받은 선물과 같은 삶을 살았던 것입니다. 결국 그는 스스로를 낮추고 겸손하면서도 누구보다 열정적으로 복음을 전했습니다. 사도 마태는 주저함을 넘어 예수님께 보냄 받은 사역의 자리로 겸손하면서도 열정을 가지고 나아갔습니다. 지금도 하나님께서는 복음을 들고 보냄 받은 자리로 나아갈 하나님의 백성들을 부르십니다. 교회의 신앙공동체를 통해 예수님의 제자로, 복음의 증인으로 세우십니다. 그리고 교회를 통해 복음이 필요한 세상으로 보내십니다.

부르고 세우고 보내는 사역은 그리스도인이 신앙으로 살아가는 방식입니다. 그러기에 참된 교사로서 우리는 하나님께서 하나님의 백성들을 부르고 세우고 보내셨듯이, 그리고 예수님께서 제자들을 부르고 세우고 보내셨듯이 우리의 다음세대들을 부르고 세우고 보내는 사역의 자리에 서야 합니다. 우리는 부르고 세우고 보내는 사역에 참여함으로 우리와 다음세대들이 신앙으로 살아가는 삶의 방식을 체득하여 세상에서 하나님의 백성으로 살아가도록 인도해야 합니다. 그리스도인은 하나님의 부르심에 믿음으로 순종하고 신앙 공동체로 모이기를 힘쓰는 사람들입니다. 그래서 주일, 교회에 모여 함께 예배하고, 교제하고, 교육하고, 봉사하고, 전도하는 삶을 살아야 합니다. 그리스도인은 자신의 삶에서 주일을 중심으로 일주일의 삶을 정돈해야 합니다. 또한 신앙공동체인 교회를 중심으로 삶의 자리를 재배치해야 합니다. 그래서 우리는 부르고 세우고 보내는 사역을 통해 참된 교사로서 다음세대들을 신앙으로 양육해야 합니다.

부르고 세우고 보내는 사역은 다음세대들이 체득해야 할 신앙으로 살아가는 삶의 방식입니다. 우리가 다음세대들에게 신앙공동체 안에서 기독교 신앙과 전통을 교육하는 참된 교사로 서기 위해서는 부르고 세우고 보내는 사역을 통해 부름 받고, 세움 받고, 보냄 받는 삶의 방식을 교육하고 양육해야 합니다. 신앙으로 살아가는 삶의 방식을 바르게 형성하기 위해 삶에서 지속적인 반복 훈련이 필요합니다. 이를 통해 우리는 부르고 세우고 보내는 사역을 통해서 참된 교사로 살아가는 삶을 배우고 익힐 수 있고, 다음세대들에게 바른 신앙으로 살아가는 삶의 방식을 양육할 수 있습니다. 지속적이고 반복적인 교육과 훈련이야말로 다음세대들이 신앙으로 살아가는 삶의 방식을 체득할 수 있는 정도(正道)이기 때문입니다. 결국 우리는 부르고 세우고 보내는 사역을 통해 다음세대들과 함께 신앙으로 살아가는 삶의 방식을 체득하도록 부단히 훈련해야 합니다. 예수님께서 신앙의 본을 우리에게 보여주셨듯이 우리도 예수님을 본받아 다음세대들에게 신앙으로 살아가는 삶의 본이 되어야 합니다. 또한 우리는 교사로 살아가는 방식을 몸에 익히고 체득함으로 참된 교사의 사역을 실천해야 합니다. 그리고 다음세대들과 함께 세상 속에서 하나님의 백성으로, 예수님의 제자로 살아가야 합니다.

Think Point

참된 교사로 사역하기 위해 당신이 훈련하고 체득해야 할 삶의 방식은 무엇인가요?

Memo